© 2017 Dagmar Cassiers

Umschlaggestaltung, Satz: Mani Wollner, Bonn
Lektorat, Korrektorat: Christian Rief, Ulm

Verlag: tredition GmbH, Hamburg

ISBN Paperback: 978-3-7439-1708-8

Bibliografische Information der Deutschen Nationalbibliothek:
Die Deutsche Nationalbibliothek verzeichnet diese Publikation in der Deutschen Nationalbibliografie; detaillierte bibliografische Daten sind im Internet über http://dnb.d-nb.de abrufbar.

Dieses neu erschienene separate Sex-Pass-Arbeitsheft mit dem Original-Sex-Pass-Fragen-Katalog ermöglicht es nun auch ebook-Lesern, die Fragen schriftlich zu beantworten. Es sind dieselben Fragen aus dem Buch, aber mit zusätzlichen Platzhaltern für eigene Fragen. Viele meiner Leser möchten das komplette Sex-Pass-Buch quasi jungfräulich als Nachschlagewerk erhalten, also frei von persönlichen Eintragungen. Im Arbeitsheft kann nun nach Lust und Laune angekreuzt, unterstrichen und markiert werden, und es ist Platz für individuelle Anmerkungen, Ideen, Gedanken und zusätzliche Fragen. Das erleichtert die Handhabung des Fragen-Kataloges im Rahmen von professionellen Therapie-Sitzungen, genau so wie im privaten Rahmen. Die Hinweise zum Umgang mit dem Fragen-Katalog und zur Auswertung der Antworten stehen nach wie vor im Buch. Und keine Angst – es muss kein Fragen-Antworten-Marathon absolviert werden. Jeder pickt sich die Fragen aus den Kategorien heraus, die aktuell bedeutsam sind.

Inhaltsverzeichnis

Fragenkatalog – Sexuelle Passgenauigkeit

Die 28 Kategorien des Fragenkatalogs

1 Zärtlichkeit
2 Erotik
3 Petting/Vorspiel
4 Lust und Leidenschaft/Libido
5 Intimität, Lust versus Ekel
6 Voyeurismus und Exhibitionismus
7 Sexuelle Berührung
8 Küsse
9 Temperament
10 Dauer des Sexualaktes – Timing
11 Sexuelle Praktiken
12 Sexuelle Stellungen
13 Sexueller Höhepunkt
14 Rollenspiele und Fetisch
15 Sadomasochistische Aspekte
16 Sexuelle Hilfsmittel
17 Autoerotik in und außerhalb der Beziehung
18 Die Lust an der Lust des Partners
19 Verbalsex
20 Fantasien beim Sex und sexuelle Gedanken
21 Sexuelles Neugierverhalten
22 Sexuelle Räumlichkeiten – Ambiente
23 Passgenaue Äußerlichkeiten
24 Charaktertyp des sexuellen Partners
25 Monogam – polygam – Seitensprünge – Treue
26 Gespräche und Wünsche
27 Verhütung und sexuelle Lust
28 Bedeutung der Sexualität in der Partnerschaft

Der Fragebogen ist nach dem vorstehenden Kapitel strukturiert. Die Fragen sind zur leichteren Auffindbarkeit nach den Kategorien durchnummeriert. Sie können zur Klärung der eigenen Wünsche alleine beantwortet werden. Sie können auch in bestehenden Partnerschaften von jedem alleine oder von beiden gemeinsam beantwortet werden, um dann als Diskussionsgrundlage zu dienen. Genauso können sie auch gut im Rahmen von Paartherapien zur Klärung sexueller Probleme herangezogen werden.

Bitte erschrecken Sie nicht über den Umfang des Fragenkatalogs. Je umfangreicher und detaillierter die Fragen, desto größer die Wahrscheinlichkeit, wirklich aussagekräftige Antworten zu bekommen.

Neueste Forschungen an der FU Berlin, an der Uni Mannheim und an der Uni Konstanz zweifeln die Validität gängiger Persönlichkeitstests an. Diese Tests fassen in der Regel viele Einzelfragen unter einer Fragestellung und zu komplexen Fragenkategorien zusammen und bieten damit einen großen Interpretationsspielraum zum Inhalt der Fragestellung und zu den Antwortmöglichkeiten, in Abhängigkeit von der aktuellen Situation und Stimmungslage der Probanden. Auf diese Weise lässt sich kein präzises und authentisches Profil erstellen (Jule Specht, FU Berlin, Edgar Erdfelder, Uni Mannheim, Jan Querengässer und Sebastian Schindler, Uni Konstanz).

Ein kleines Beispiel zur Verdeutlichung:

Die Frage: „Sind sie ein romantischer Typ?" wirft sofort die nächste Frage auf. Was ist unter einem romantischen Typ zu verstehen? Jeder darf grundsätzlich etwas anderes unter Romantik verstehen. Der eine inszeniert romantische Stimmung durch Kerzenlicht, mit Kerzen, die duften oder auch nicht, mit roten oder weißen Kerzen. Ein anderer benötigt musikalische Untermalung, um romantische Stimmung zu erzeugen, das kann Mozarts kleine Nachtmusik, ein Beatles-Song oder ein Schlager von Helene Fischer sein. Wieder andere bekommen fast automatisch romantische Gefühle beim Anblick eines Sonnenuntergangs, beim ersten Date, im Urlaub, im Kino oder bei einem Glas Rotwein. Verliebte mit Schmetterlingen im Bauch, Menschen, die gerade eine Prüfung bestanden oder eine Gehaltserhöhung erhalten haben, sind logischerweise sensibler und empfänglicher für romantische Gefühle als Menschen mit frischem Liebeskummer oder solche, die aktuell arbeitslos geworden sind oder eine Mieterhöhung erhalten haben.

Demgegenüber ist der Fragenkatalog zur sexuellen Passgenauigkeit sehr einfach, eindeutig, klar, präzise und verständlich.

Grundsätzlich gibt es bei allen Fragen eine Gewichtung, eine fünfstufige Skalierung:

1 Ist mir sehr wichtig
2 Mag ich
3 Egal, bin ich leidenschaftslos
4 Mag ich nicht so sehr
5 Geht überhaupt nicht

Für die Dringlichkeit einer Klärung führe ich drei Kennzeichen der Passgenauigkeit ein:

Red Flag: Wenn ein Partner sagt: „Ist mir sehr wichtig" (Skalierung 1), und der andere Partner sagt: „Geht überhaupt nicht" (Skalierung 5), dann ist zwingend Diskussionsbedarf!

Yellow Flag: Kombination von Skalierung 1 mit 4, oder Kombination von Skalierung 2 mit 5. Ein Partner sagt: „Licht mag ich überhaupt nicht beim Sex" (Skalierung 5), und der andere Partner sagt: „Mag ich ganz gern" (Skalierung 2), dann sollte, um spätere Konflikte zu vermeiden, ein offenes Gespräch stattfinden. Auch bei der Kombination von 2 „Mag ich" mit 4 „Mag ich nicht so sehr" ist eine offene Aussprache nützlich.

Green Flag: Gleiche Gewichtung oder die Gewichtung im gleichen positiven oder negativen Spektrum, also 1 bis 3 oder 3 bis 5, dürften für die partnerschaftliche Sexualität keine größeren Probleme mit sich bringen.

Ausnahme: Anziehende Gegensätze: Bei einigen wenigen Fragen, bei denen die Gegensätze die Passgenauigkeit erhöhen (passiv – aktiv, sado – maso etc.), ist natürlich gerade die Unterschiedlichkeit attraktiv. Diese Fragen sind mit dem Hinweis (Gegensatz-Frage)) gekennzeichnet.

Unter **Bemerkung** steht oftmals **aktiv/passiv?** Z. B. „Berühren der Ohren" (aktiv: ich berühre die Ohren meines Partners gern; passiv: ich lasse mich gerne an den Ohren berühren), oder „Sex in Stiefeln" (aktiv: ich trage gerne Stiefel beim Sex; passiv: ich mag es wenn mein Partner Stiefel beim Sex trägt). Hier wäre die entsprechende Aussage zu markieren (entweder ich mag den aktiven Part oder den passiven oder beide Seiten).

1 Zärtlichkeit

Zärtlichkeit und Sexualität sind ein schönes Paar, besonders wenn auch noch die Liebe dazukommt. Zärtliche Berührungen tun uns gut. Sie setzen die Wohlfühlhormone frei, schaffen Glücksmomente und befriedigen den Wunsch nach Geborgenheit. Interessant sind die Fragen nach dem Verhältnis von Zärtlichkeit und Sexualität. Geht Sex auch ohne Zärtlichkeit? Geht

Zärtlichkeit auch ohne Sex? Was ist, wenn körperliche Zärtlichkeit bei dem einen Partner immer erotische Gefühle freisetzt, bei dem anderen jedoch diese sexuellen Bedürfnisse die wahre Zärtlichkeit entwerten? In der Zärtlichkeit suchen wir Nähe. Suchen wir im sexuellen Akt die Steigerung von Nähe? Verschmelzen, Einswerden, die Auflösung des Individuellen im Gemeinsamen, die Auflösung des schwachen, einsamen „Ich" im starken, gemeinsamen „Wir"?

1.1 Sexualität ist nur mit Zärtlichkeit möglich. Diese Aussage …

❏ 1 ist mir sehr wichtig	❏ 2 mag ich	❏ 3 ist mir egal	❏ 4 mag ich nicht	❏ 5 geht gar nicht
Bemerkung				

1.2 Körperliche Zärtlichkeit führt meist zu erotischen Gefühlen. Diese Aussage …

❏ 1 ist mir sehr wichtig	❏ 2 mag ich	❏ 3 ist mir egal	❏ 4 mag ich nicht	❏ 5 geht gar nicht
Bemerkung				

1.3 Mit meinem Partner zärtlich im Bett kuscheln, ohne dass es zu sexuellen Handlungen kommt

❏ 1 ist mir sehr wichtig	❏ 2 mag ich	❏ 3 ist mir egal	❏ 4 mag ich nicht	❏ 5 geht gar nicht
Bemerkung				

1.4 Langes Kuscheln reduziert die sexuelle Spannung. Diese Aussage …

❏ 1 ist mir sehr wichtig	❏ 2 mag ich	❏ 3 ist mir egal	❏ 4 mag ich nicht	❏ 5 geht gar nicht
Bemerkung				

1.5 Zusätzliche Frage. _____

_____

Diese Aussage …

❏ 1 ist mir sehr wichtig	❏ 2 mag ich	❏ 3 ist mir egal	❏ 4 mag ich nicht	❏ 5 geht gar nicht
Bemerkung				

1.6 Zusätzliche Frage. _____

_____

Diese Aussage …

❏ 1 ist mir sehr wichtig	❏ 2 mag ich	❏ 3 ist mir egal	❏ 4 mag ich nicht	❏ 5 geht gar nicht
Bemerkung				

1.7 Zusätzliche Frage. _____

_____

Diese Aussage …

❏ 1 ist mir sehr wichtig	❏ 2 mag ich	❏ 3 ist mir egal	❏ 4 mag ich nicht	❏ 5 geht gar nicht
Bemerkung				

1.8 Zusätzliche Frage. _____

_____

Diese Aussage …

❏ 1 ist mir sehr wichtig	❏ 2 mag ich	❏ 3 ist mir egal	❏ 4 mag ich nicht	❏ 5 geht gar nicht
Bemerkung				

_____

_____

_____

_____

2 Erotik

Erotik ist die Vorstimmung, bevor es zu sexuellen Handlungen kommt. Ist die erotische Stimmung Voraussetzung für den sexuellen Kontakt? Was löst bei mir erotische Gefühle aus? Ist eine aktuell harmonische Beziehung Voraussetzung für befriedigenden partnerschaftlichen Sex? Muss ich mit ihm vorher ausgehen (gut essen, tanzen, in die Kneipe)? Oder kann ich auch nach einem heftigen Streit mit ihm ins Bett springen und den Adrenalinschub auf sexuelle Aktivitäten umleiten? Was ist die erotische Minimalstimmung, die mir einen sexuellen Kontakt möglich macht? Mag ich spontane und direkte sexuelle Berührungen, die ohne Vorbereitung direkt zum Sex führen? Kann oder möchte ich die Erotik steigern durch alleinige oder gemeinsame Betrachtung von Pornografie (Bilder, Filme Internet) oder das alleinige Lesen oder gemeinsame Vorlesen von erotischen Geschichten? Wie halte ich es mit dem Entkleiden? Sachlich nüchtern jeder für sich? Als erotischer Striptease für den Partner? Oder ein gemeinsames Hochschaukeln im erotischen, sich gegenseitigen Ausziehen? Sollte sich die Sexualität immer spontan entfalten, oder habe ich mit meinem Partner gerne feste Termine (Jour fixe)?

Interessant ist auch die Frage der Alltagserotik und Übergriffigkeit ohne weitere sexuelle Konsequenzen. Viele Paare halten so eine erotische Grundstimmung aufrecht, die sich zu einem späteren Zeitpunkt sexuell entladen kann. Mag ich erotische Anzüglichkeiten? Mag ich erotische Berührungen? Ins Ohr geflüsterte Obszönitäten auch ohne direkte sexuelle Absichten? Mag ich heimliche Anrufe beim Partner mit lüsternen Anspielungen? Manche Paare halten auch eine erotische Grundstimmung aufrecht, indem sie in Gegenwart des Partners nackt herumlaufen. Also nicht als Vorspiel, sondern als kontinuierliche sexuelle Stimulation. Nackt putzen oder kochen, nur mit kleiner Schürze bekleidet, keine Unterwäsche unter dem kurzen Rock oder Reparaturarbeiten in gebückter Haltung, wenn die Frau hinter dem „Hobby-Klempner" steht.

2.1 Vor dem Sex sollte eine erotische Stimmung herrschen. Diese Aussage …

❑ 1 ist mir sehr wichtig	❑ 2 mag ich	❑ 3 ist mir egal	❑ 4 mag ich nicht	❑ 5 geht gar nicht
Bemerkung				

2.2 Sex geht nur in einer harmonischen Grundstimmung. Diese Aussage …

❑ 1 ist mir sehr wichtig	❑ 2 mag ich	❑ 3 ist mir egal	❑ 4 mag ich nicht	❑ 5 geht gar nicht
Bemerkung				

2.3 Sex direkt nach einem Streit

❑ 1 ist mir sehr wichtig	❑ 2 mag ich	❑ 3 ist mir egal	❑ 4 mag ich nicht	❑ 5 geht gar nicht
Bemerkung				

2.4 Vor dem Sex sollten andere gemeinsame Aktivitäten stehen (z. B. Ausgehen)

❏ 1 ist mir sehr wichtig	❏ 2 mag ich	❏ 3 ist mir egal	❏ 4 mag ich nicht	❏ 5 geht gar nicht
Bemerkung				

2.5 Überraschende sexuelle/intime Berührungen meines Partners ohne Vorbereitung

❏ 1 ist mir sehr wichtig	❏ 2 mag ich	❏ 3 ist mir egal	❏ 4 mag ich nicht	❏ 5 geht gar nicht
Bemerkung				

2.6 Partnerschaftliche sexuelle Übergriffigkeit/Spontane sexuelle Überfälle

❏ 1 ist mir sehr wichtig	❏ 2 mag ich	❏ 3 ist mir egal	❏ 4 mag ich nicht	❏ 5 geht gar nicht
Bemerkung				

2.7 Kurze sexuelle Stimulation und Erregung ohne Befriedigung (z. B. morgens im Bett)

❏ 1 ist mir sehr wichtig	❏ 2 mag ich	❏ 3 ist mir egal	❏ 4 mag ich nicht	❏ 5 geht gar nicht
Bemerkung				

2.8 Intime, zärtliche Berührungen führen meistens zu erotischer Stimmung und Sex. Diese Aussage ...

❏ 1 ist mir sehr wichtig	❏ 2 mag ich	❏ 3 ist mir egal	❏ 4 mag ich nicht	❏ 5 geht gar nicht
Bemerkung				

2.9 Gemeinsames Ansehen von Erotika oder Pornografie

❏ 1 ist mir sehr wichtig	❏ 2 mag ich	❏ 3 ist mir egal	❏ 4 mag ich nicht	❏ 5 geht gar nicht
Bemerkung				

2.10 Gemeinsames Vorlesen oder Lesen erotischer Schriften

❏ 1 ist mir sehr wichtig	❏ 2 mag ich	❏ 3 ist mir egal	❏ 4 mag ich nicht	❏ 5 geht gar nicht
Bemerkung				

2.11 Sex an regelmäßigen Terminen (Jour fixe, Erotik stellt sich dann von alleine ein)

☐ 1 ist mir sehr wichtig	☐ 2 mag ich	☐ 3 ist mir egal	☐ 4 mag ich nicht	☐ 5 geht gar nicht
Bemerkung				

2.12 Sex muss immer spontan sein. Diese Aussage …

☐ 1 ist mir sehr wichtig	☐ 2 mag ich	☐ 3 ist mir egal	☐ 4 mag ich nicht	☐ 5 geht gar nicht
Bemerkung				

2.13 Der Partner mit der geringsten Lust bestimmt die Häufigkeit der Sexualität. Diese Aussage …

☐ 1 ist mir sehr wichtig	☐ 2 mag ich	☐ 3 ist mir egal	☐ 4 mag ich nicht	☐ 5 geht gar nicht
Bemerkung				

2.14 Zusätzliche Frage. _____

_____

Diese Aussage …

☐ 1 ist mir sehr wichtig	☐ 2 mag ich	☐ 3 ist mir egal	☐ 4 mag ich nicht	☐ 5 geht gar nicht
Bemerkung				

2.15 Zusätzliche Frage. _____

_____

Diese Aussage …

☐ 1 ist mir sehr wichtig	☐ 2 mag ich	☐ 3 ist mir egal	☐ 4 mag ich nicht	☐ 5 geht gar nicht
Bemerkung				

2.16 Zusätzliche Frage. _____

_____

Diese Aussage …

❏ 1 ist mir sehr wichtig	❏ 2 mag ich	❏ 3 ist mir egal	❏ 4 mag ich nicht	❏ 5 geht gar nicht
Bemerkung				

2.17 Zusätzliche Frage. _____

_____

Diese Aussage …

❏ 1 ist mir sehr wichtig	❏ 2 mag ich	❏ 3 ist mir egal	❏ 4 mag ich nicht	❏ 5 geht gar nicht
Bemerkung				

_____

_____

_____

_____

_____

3 Petting/Vorspiel

Petting sind die sexuellen Handlungen, die ein Paar miteinander hat, ohne die sexuelle Vereinigung durchzuführen. Während Petting im Jugendalter eine mehr oder weniger lange Phase
sexuellen Erprobens darstellt, spricht man mit fortgeschrittenen Erfahrungen von dem Vorspiel,
der sexuellen Stimulation vor dem Koitus. Petting kann aber auch in der „reifen" Sexualität
durchaus eine befriedigende Handlung sein, die keiner genitalen Vereinigung bedarf.

3.1 Das Vorspiel soll möglichst lange dauern

☐ 1 ist mir sehr wichtig	☐ 2 mag ich	☐ 3 ist mir egal	☐ 4 mag ich nicht	☐ 5 geht gar nicht
Bemerkung				

3.2 Das Vorspiel sollte möglichst kurz sein

☐ 1 ist mir sehr wichtig	☐ 2 mag ich	☐ 3 ist mir egal	☐ 4 mag ich nicht	☐ 5 geht gar nicht
Bemerkung				

3.3 Das Vorspiel sollte möglichst sanft und zärtlich sein

☐ 1 ist mir sehr wichtig	☐ 2 mag ich	☐ 3 ist mir egal	☐ 4 mag ich nicht	☐ 5 geht gar nicht
Bemerkung				

3.4 Das Vorspiel sollte möglichst heftig und stürmisch sein

☐ 1 ist mir sehr wichtig	☐ 2 mag ich	☐ 3 ist mir egal	☐ 4 mag ich nicht	☐ 5 geht gar nicht
Bemerkung				

3.5 Ein Vorspiel kann einen Orgasmus ohne Koitus beinhalten. Diese Aussage ...

☐ 1 ist mir sehr wichtig	☐ 2 mag ich	☐ 3 ist mir egal	☐ 4 mag ich nicht	☐ 5 geht gar nicht
Bemerkung				

3.6 Zusätzliche Frage. _____

_____

Diese Aussage ...

☐ 1 ist mir sehr wichtig	☐ 2 mag ich	☐ 3 ist mir egal	☐ 4 mag ich nicht	☐ 5 geht gar nicht
Bemerkung				

3.7 Zusätzliche Frage. _____

_____

Diese Aussage …

☐ 1 ist mir sehr wichtig	☐ 2 mag ich	☐ 3 ist mir egal	☐ 4 mag ich nicht	☐ 5 geht gar nicht
Bemerkung				

3.8 Zusätzliche Frage. _____

_____

Diese Aussage …

☐ 1 ist mir sehr wichtig	☐ 2 mag ich	☐ 3 ist mir egal	☐ 4 mag ich nicht	☐ 5 geht gar nicht
Bemerkung				

3.9 Zusätzliche Frage. _____

_____

Diese Aussage …

☐ 1 ist mir sehr wichtig	☐ 2 mag ich	☐ 3 ist mir egal	☐ 4 mag ich nicht	☐ 5 geht gar nicht
Bemerkung				

_____

_____

_____

_____

4 Lust und Leidenschaft/Libido

Zu diesem Thema ist in diesem Buch schon viel gesagt worden. Die Frage ist: Welche Rolle spielt die Sexualität in meinem Leben? Wie oft habe ich sexuelle Gedanken? Wie oft möchte ich mit meinem Partner sexuell zusammen sein? Welche Intensität sollen die Kontakte haben? Reichen sexuelle Streicheleinheiten? Wie oft brauche ich einen Orgasmus oder sehr intensive sexuelle Begegnungen? Ganz banal ausgedrückt: die Frage nach dem Wunsch der Häufigkeit der partnerschaftlichen Sexualität. Vielleicht auch die Vorstellung von minimal und maximal wünschenswerter Frequenz. Auch Fragen nach längeren Pausen, zum Beispiel bei beruflicher Trennung oder einer Fernbeziehung. Wie gehe ich mit Phasen sexueller Abstinenz um? Wie kann ich sie überbrücken? Kann Telefonsex solche Phasen überbrücken?

4.1 Stündlich mehrmals an Sex denken

❒ 1 ist mir sehr wichtig	❒ 2 mag ich	❒ 3 ist mir egal	❒ 4 mag ich nicht	❒ 5 geht gar nicht
Bemerkung				

4.2 Täglich mehrmals an Sex denken

❒ 1 ist mir sehr wichtig	❒ 2 mag ich	❒ 3 ist mir egal	❒ 4 mag ich nicht	❒ 5 geht gar nicht
Bemerkung				

Definition: Sex steht im Abschnitt 4.3 bis 4.13 für bewusste, intensive sexuelle Handlungen mit Befriedigung (z. B. Orgasmus).

4.3 Immer Lust auf Sex

❒ 1 ist mir sehr wichtig	❒ 2 mag ich	❒ 3 ist mir egal	❒ 4 mag ich nicht	❒ 5 geht gar nicht
Bemerkung				

4.4 Täglich mehrmals Sex haben

❒ 1 ist mir sehr wichtig	❒ 2 mag ich	❒ 3 ist mir egal	❒ 4 mag ich nicht	❒ 5 geht gar nicht
Bemerkung				

4.5 Es kann auch mal an einem Tag mehrmals Sex geben (Wochenende/Urlaub)

❒ 1 ist mir sehr wichtig	❒ 2 mag ich	❒ 3 ist mir egal	❒ 4 mag ich nicht	❒ 5 geht gar nicht
Bemerkung				

4.6 Sex gerne jeden Tag

❒ 1 ist mir sehr wichtig	❒ 2 mag ich	❒ 3 ist mir egal	❒ 4 mag ich nicht	❒ 5 geht gar nicht
Bemerkung				

4.7 Sex gerne 4 bis 6 Mal pro Woche.

❒ 1 ist mir sehr wichtig	❒ 2 mag ich	❒ 3 ist mir egal	❒ 4 mag ich nicht	❒ 5 geht gar nicht
Bemerkung				

4.8 Sex gerne 3 Mal pro Woche

❒ 1 ist mir sehr wichtig	❒ 2 mag ich	❒ 3 ist mir egal	❒ 4 mag ich nicht	❒ 5 geht gar nicht
Bemerkung				

4.9 Sex gerne 2 Mal pro Woche

❒ 1 ist mir sehr wichtig	❒ 2 mag ich	❒ 3 ist mir egal	❒ 4 mag ich nicht	❒ 5 geht gar nicht
Bemerkung				

4.10 Sex gern 1 Mal pro Woche

❒ 1 ist mir sehr wichtig	❒ 2 mag ich	❒ 3 ist mir egal	❒ 4 mag ich nicht	❒ 5 geht gar nicht
Bemerkung				

4.11 Sex gern 2 bis 3 Mal im Monat

❒ 1 ist mir sehr wichtig	❒ 2 mag ich	❒ 3 ist mir egal	❒ 4 mag ich nicht	❒ 5 geht gar nicht
Bemerkung				

4.12 Sex gerne 1 Mal pro Monat

❒ 1 ist mir sehr wichtig	❒ 2 mag ich	❒ 3 ist mir egal	❒ 4 mag ich nicht	❒ 5 geht gar nicht
Bemerkung				

4.13 Sex weniger als 1 Mal im Monat

☐ 1 ist mir sehr wichtig	☐ 2 mag ich	☐ 3 ist mir egal	☐ 4 mag ich nicht	☐ 5 geht gar nicht
Bemerkung				

4.14 Wechselnde Lust und sexuelle Häufigkeit

☐ 1 ist mir sehr wichtig	☐ 2 mag ich	☐ 3 ist mir egal	☐ 4 mag ich nicht	☐ 5 geht gar nicht
Bemerkung				

4.15 Sexuelle Pausen bei längerer beruflicher oder privater räumlichen Trennung

☐ 1 ist mir sehr wichtig	☐ 2 mag ich	☐ 3 ist mir egal	☐ 4 mag ich nicht	☐ 5 geht gar nicht
Bemerkung				

4.16 Sexuelle Pausen überbrücke ich durch Selbstbefriedigung.

☐ 1 ist mir sehr wichtig	☐ 2 mag ich	☐ 3 ist mir egal	☐ 4 mag ich nicht	☐ 5 geht gar nicht
Bemerkung				

4.17 Gemeinsamer Telefonsex mit Selbstbefriedigung bei räumlicher Trennung

☐ 1 ist mir sehr wichtig	☐ 2 mag ich	☐ 3 ist mir egal	☐ 4 mag ich nicht	☐ 5 geht gar nicht
Bemerkung				

4.18 Zusätzliche Frage. _____

Diese Aussage …

☐ 1 ist mir sehr wichtig	☐ 2 mag ich	☐ 3 ist mir egal	☐ 4 mag ich nicht	☐ 5 geht gar nicht
Bemerkung				

4.19 Zusätzliche Frage. _____

_____

Diese Aussage …

❒ 1 ist mir sehr wichtig	❒ 2 mag ich	❒ 3 ist mir egal	❒ 4 mag ich nicht	❒ 5 geht gar nicht
Bemerkung				

4.20 Zusätzliche Frage. _____

_____

Diese Aussage …

❒ 1 ist mir sehr wichtig	❒ 2 mag ich	❒ 3 ist mir egal	❒ 4 mag ich nicht	❒ 5 geht gar nicht
Bemerkung				

4.21 Zusätzliche Frage. _____

_____

Diese Aussage …

❒ 1 ist mir sehr wichtig	❒ 2 mag ich	❒ 3 ist mir egal	❒ 4 mag ich nicht	❒ 5 geht gar nicht
Bemerkung				

_____

_____

_____

5. Intimität, Lust versus Ekel

Wunsch, Wirklichkeit und Grenzen

Das Durchbrechen der sonst üblichen gesellschaftlichen Intimitätsgrenzen ist ein wesentlicher und durchaus unterschiedlich entwickelter Impuls. In der Sexualität ist der Wunsch nach Intimität optisch, oral, olfaktorisch, verbal und sensorisch oft sehr ausgeprägt. Es existiert teilweise ein geradezu süchtiges Verlangen nach Intimität und Nähe, ein Ausloten der eigenen Intimitätsgrenzen und die Konfrontation damit. Hemmungslos, schmutzig, versaut soll es oftmals sein, mit Austausch von Körperflüssigkeiten, Speichel, Spermien und Urin. Wir schlüpfen in eine andere Welt, mit anderen Gesetzen und manchmal auch Grenzerfahrungen.

Die Fragen zielen mehr auf ein allgemeines Bedürfnis nach körperlicher Intimität. Spielen diese Grenzüberschreitungen eine wichtige Rolle, gibt es Tabubereiche und -zonen, die mich eher abschrecken und meine sexuelle Erregung hemmen würden? Wie steht es mit dem Duschen (vorher oder nachher, gewünscht oder störend oder gemeinsam genießen)? Konkretere Fragen kommen später im Bereich der Vorlieben für sexuelle Praktiken.

5.1 Das Gefühl von Hemmungs- und Schamlosigkeit

❐ 1 ist mir sehr wichtig	❐ 2 mag ich	❐ 3 ist mir egal	❐ 4 mag ich nicht	❐ 5 geht gar nicht
Bemerkung				

5.2 Alle Hüllen fallenlassen, bin hemmungslos geil

❐ 1 ist mir sehr wichtig	❐ 2 mag ich	❐ 3 ist mir egal	❐ 4 mag ich nicht	❐ 5 geht gar nicht
Bemerkung				

5.3 Ein hemmungsloser Sexualpartner

❐ 1 ist mir sehr wichtig	❐ 2 mag ich	❐ 3 ist mir egal	❐ 4 mag ich nicht	❐ 5 geht gar nicht
Bemerkung				

5.4 Sich in einen sexuellen Rausch hineinsteigern

❐ 1 ist mir sehr wichtig	❐ 2 mag ich	❐ 3 ist mir egal	❐ 4 mag ich nicht	❐ 5 geht gar nicht
Bemerkung				

5.5 Das Ausloten von Scham- und Ekelgrenzen

❐ 1 ist mir sehr wichtig	❐ 2 mag ich	❐ 3 ist mir egal	❐ 4 mag ich nicht	❐ 5 geht gar nicht
Bemerkung				

5.6 Das Überschreiten von Intimitäts- und Schamgrenzen

❑ 1 ist mir sehr wichtig	❑ 2 mag ich	❑ 3 ist mir egal	❑ 4 mag ich nicht	❑ 5 geht gar nicht
Bemerkung				

5.7 Das Überschreiten von Ekelgrenzen

❑ 1 ist mir sehr wichtig	❑ 2 mag ich	❑ 3 ist mir egal	❑ 4 mag ich nicht	❑ 5 geht gar nicht
Bemerkung				

5.8 Sex soll auch mal schmutzig und versaut sein.

❑ 1 ist mir sehr wichtig	❑ 2 mag ich	❑ 3 ist mir egal	❑ 4 mag ich nicht	❑ 5 geht gar nicht
Bemerkung				

5.9 Grenzerfahrungen beim Sex

❑ 1 ist mir sehr wichtig	❑ 2 mag ich	❑ 3 ist mir egal	❑ 4 mag ich nicht	❑ 5 geht gar nicht
Bemerkung				

5.10 Meine Tabu- und Grenzzonen beim Sex müssen eingehalten werden

❑ 1 ist mir sehr wichtig	❑ 2 mag ich	❑ 3 ist mir egal	❑ 4 mag ich nicht	❑ 5 geht gar nicht
Bemerkung				

5.11 Die Tabu- und Grenzzonen des Partners beim Sex müssen eingehalten werden

❑ 1 ist mir sehr wichtig	❑ 2 mag ich	❑ 3 ist mir egal	❑ 4 mag ich nicht	❑ 5 geht gar nicht
Bemerkung				

5.12 Es gibt keine Tabuzonen, keinen Ekel. Alles was den Partner erregt, macht auch mir Spaß. Diese Aussage ...

❑ 1 ist mir sehr wichtig	❑ 2 mag ich	❑ 3 ist mir egal	❑ 4 mag ich nicht	❑ 5 geht gar nicht
Bemerkung				

5.13 Duschen, Waschen vor dem Sex

❒ 1 ist mir sehr wichtig	❒ 2 mag ich	❒ 3 ist mir egal	❒ 4 mag ich nicht	❒ 5 geht gar nicht
Bemerkung				

5.14 Ungewaschen Sex haben

❒ 1 ist mir sehr wichtig	❒ 2 mag ich	❒ 3 ist mir egal	❒ 4 mag ich nicht	❒ 5 geht gar nicht
Bemerkung				

5.15 Sex während der Regelblutung

❒ 1 ist mir sehr wichtig	❒ 2 mag ich	❒ 3 ist mir egal	❒ 4 mag ich nicht	❒ 5 geht gar nicht
Bemerkung				

5.16 Zusätzliche Frage. _____

_____

Diese Aussage …

❒ 1 ist mir sehr wichtig	❒ 2 mag ich	❒ 3 ist mir egal	❒ 4 mag ich nicht	❒ 5 geht gar nicht
Bemerkung				

5.17 Zusätzliche Frage. _____

_____

Diese Aussage …

❒ 1 ist mir sehr wichtig	❒ 2 mag ich	❒ 3 ist mir egal	❒ 4 mag ich nicht	❒ 5 geht gar nicht
Bemerkung				

5.18 Zusätzliche Frage. _____

_____

Diese Aussage …

☐ 1 ist mir sehr wichtig	☐ 2 mag ich	☐ 3 ist mir egal	☐ 4 mag ich nicht	☐ 5 geht gar nicht
Bemerkung				

5.19 Zusätzliche Frage. _____

_____

Diese Aussage …

☐ 1 ist mir sehr wichtig	☐ 2 mag ich	☐ 3 ist mir egal	☐ 4 mag ich nicht	☐ 5 geht gar nicht
Bemerkung				

_____

_____

_____

_____

6 Voyeurismus und Exhibitionismus

Den Partner sehen wollen – überall?

Bestimmte Zonen, bestimmte Bereiche will ich nicht sehen oder will ich unbedingt sehen. Welche intimen Stellen erregen mich besonders, wie nah sollen sie mir kommen? Und das Pendant: Sich dem Partner zeigen wollen, überall – oder nur die „schönen Zonen"? Und die intimsten Stellen? Wirklich alle Hemmungen fallen lassen? Schokoladenseite oder hemmungslos, ohne Kontrolle, bestimmte Posen zeigen, den Partner mit intimen sexuellen Einblicken reizen, ihm intime Stellen vor das Gesicht halten oder ins Gesicht drücken?

Eine besondere Form des Voyeurismus und Exhibitionismus ist die Arbeit vor und hinter der Kamera. Möchte ich erotische Aufnahmen von dir machen, möchte ich welche von mir machen lassen? Wollen wir uns gemeinsam vor dem Camcorder lieben? Auch die Frage nach der erotisierenden Wirkung beim Betrachten von intimen Fotos gegengeschlechtlicher Modelle oder Paare kann hier mehr Klarheit über die Wünsche bringen.

6.1 Mich gerne nackt und erotisch zeigen

❏ 1 ist mir sehr wichtig	❏ 2 mag ich	❏ 3 ist mir egal	❏ 4 mag ich nicht	❏ 5 geht gar nicht
Bemerkung				

6.2 Meinen Partner gerne nackt und erotisch sehen

❏ 1 ist mir sehr wichtig	❏ 2 mag ich	❏ 3 ist mir egal	❏ 4 mag ich nicht	❏ 5 geht gar nicht
Bemerkung				

6.3 Nur die „Schokladenseiten" zeigen

❏ 1 ist mir sehr wichtig	❏ 2 mag ich	❏ 3 ist mir egal	❏ 4 mag ich nicht	❏ 5 geht gar nicht
Bemerkung				

6.4 Mich „ungeschminkt" ohne Einschränkung zeigen

❏ 1 ist mir sehr wichtig	❏ 2 mag ich	❏ 3 ist mir egal	❏ 4 mag ich nicht	❏ 5 geht gar nicht
Bemerkung				

6.5 Gerne den Busen zeigen

❏ 1 ist mir sehr wichtig	❏ 2 mag ich	❏ 3 ist mir egal	❏ 4 mag ich nicht	❏ 5 geht gar nicht
Bemerkung				

6.6 Gerne den Busen sehen

❏ 1 ist mir sehr wichtig	❏ 2 mag ich	❏ 3 ist mir egal	❏ 4 mag ich nicht	❏ 5 geht gar nicht
Bemerkung				

6.7 Gerne die Genitalien zeigen

❏ 1 ist mir sehr wichtig	❏ 2 mag ich	❏ 3 ist mir egal	❏ 4 mag ich nicht	❏ 5 geht gar nicht
Bemerkung				⚑

6.8 Gerne die Genitalien sehen

❏ 1 ist mir sehr wichtig	❏ 2 mag ich	❏ 3 ist mir egal	❏ 4 mag ich nicht	❏ 5 geht gar nicht
Bemerkung				⚑

6.9 Gerne den Analbereich zeigen

❏ 1 ist mir sehr wichtig	❏ 2 mag ich	❏ 3 ist mir egal	❏ 4 mag ich nicht	❏ 5 geht gar nicht
Bemerkung				⚑

6.10 Gerne den Analbereich sehen

❏ 1 ist mir sehr wichtig	❏ 2 mag ich	❏ 3 ist mir egal	❏ 4 mag ich nicht	❏ 5 geht gar nicht
Bemerkung				⚑

6.11 Erotika oder Pornografie gemeinsam anschauen

❏ 1 ist mir sehr wichtig	❏ 2 mag ich	❏ 3 ist mir egal	❏ 4 mag ich nicht	❏ 5 geht gar nicht
Bemerkung				⚑

6.12 Erotische Fotos voneinander machen

❏ 1 ist mir sehr wichtig	❏ 2 mag ich	❏ 3 ist mir egal	❏ 4 mag ich nicht	❏ 5 geht gar nicht
Bemerkung				⚑

6.13 Pornografische Fotos oder Filme voneinander machen

❏ 1 ist mir sehr wichtig	❏ 2 mag ich	❏ 3 ist mir egal	❏ 4 mag ich nicht	❏ 5 geht gar nicht
Bemerkung				⚑

6.14 Zusätzliche Frage. _____

_____

Diese Aussage …

☐ 1 ist mir sehr wichtig	☐ 2 mag ich	☐ 3 ist mir egal	☐ 4 mag ich nicht	☐ 5 geht gar nicht
Bemerkung				

6.15 Zusätzliche Frage. _____

_____

Diese Aussage …

☐ 1 ist mir sehr wichtig	☐ 2 mag ich	☐ 3 ist mir egal	☐ 4 mag ich nicht	☐ 5 geht gar nicht
Bemerkung				

6.16 Zusätzliche Frage. _____

_____

Diese Aussage …

☐ 1 ist mir sehr wichtig	☐ 2 mag ich	☐ 3 ist mir egal	☐ 4 mag ich nicht	☐ 5 geht gar nicht
Bemerkung				

6.17 Zusätzliche Frage. _____

_____

Diese Aussage …

☐ 1 ist mir sehr wichtig	☐ 2 mag ich	☐ 3 ist mir egal	☐ 4 mag ich nicht	☐ 5 geht gar nicht
Bemerkung				

_____

_____

_____

_____

_____

7 Sexuelle Berührung

Den Partner berühren wollen, überall, bestimmte Zonen, sich betasten, die Finger an allen Stellen, in allen Körperöffnungen? Die Zunge an allen Stellen, in allen Körperöffnungen? Vielleicht die offene Frage: Wo habe ich meine speziellen erogene Zonen? Diese sind manchmal an ganz unspektakulären Stellen, auf die der Partner gar nicht kommt, wenn man nicht darüber spricht (siehe auch „sexuelle Praktiken").

7.1 Berührung der Ohren

❒ 1 ist mir sehr wichtig	❒ 2 mag ich	❒ 3 ist mir egal	❒ 4 mag ich nicht	❒ 5 geht gar nicht
Bemerkung: aktiv/passiv?				

7.2 In die Haare greifen

❒ 1 ist mir sehr wichtig	❒ 2 mag ich	❒ 3 ist mir egal	❒ 4 mag ich nicht	❒ 5 geht gar nicht
Bemerkung: aktiv/passiv?				

7.3 Lippen streicheln

❒ 1 ist mir sehr wichtig	❒ 2 mag ich	❒ 3 ist mir egal	❒ 4 mag ich nicht	❒ 5 geht gar nicht
Bemerkung: aktiv/passiv?				

7.4 Hals und Nacken streicheln

❒ 1 ist mir sehr wichtig	❒ 2 mag ich	❒ 3 ist mir egal	❒ 4 mag ich nicht	❒ 5 geht gar nicht
Bemerkung: aktiv/passiv?				

7.5 Arme streicheln

☐ 1	☐ 2	☐ 3	☐ 4	☐ 5
ist mir sehr wichtig	mag ich	ist mir egal	mag ich nicht	geht gar nicht
Bemerkung: aktiv/passiv?				

7.6 Finger streicheln

☐ 1	☐ 2	☐ 3	☐ 4	☐ 5
ist mir sehr wichtig	mag ich	ist mir egal	mag ich nicht	geht gar nicht
Bemerkung: aktiv/passiv?				

7.7 Brust und Brustwarzen streicheln

☐ 1	☐ 2	☐ 3	☐ 4	☐ 5
ist mir sehr wichtig	mag ich	ist mir egal	mag ich nicht	geht gar nicht
Bemerkung: aktiv/passiv?				

7.8 Rücken streicheln

☐ 1	☐ 2	☐ 3	☐ 4	☐ 5
ist mir sehr wichtig	mag ich	ist mir egal	mag ich nicht	geht gar nicht
Bemerkung: aktiv/passiv?				

7.9 Po streicheln

☐ 1	☐ 2	☐ 3	☐ 4	☐ 5
ist mir sehr wichtig	mag ich	ist mir egal	mag ich nicht	geht gar nicht
Bemerkung: aktiv/passiv?				

7.10 Anus streicheln

☐ 1	☐ 2	☐ 3	☐ 4	☐ 5
ist mir sehr wichtig	mag ich	ist mir egal	mag ich nicht	geht gar nicht
Bemerkung: aktiv/passiv?				

7.11 Finger anal einführen

☐ 1	☐ 2	☐ 3	☐ 4	☐ 5
ist mir sehr wichtig	mag ich	ist mir egal	mag ich nicht	geht gar nicht
Bemerkung: aktiv/passiv?				

7.12 Bauch streicheln

❏ 1 ist mir sehr wichtig	❏ 2 mag ich	❏ 3 ist mir egal	❏ 4 mag ich nicht	❏ 5 geht gar nicht
Bemerkung: aktiv/passiv?				

7.13 Genitalien manuell streicheln/stimulieren

❏ 1 ist mir sehr wichtig	❏ 2 mag ich	❏ 3 ist mir egal	❏ 4 mag ich nicht	❏ 5 geht gar nicht
Bemerkung: aktiv/passiv?				

7.14 Finger vaginal einführen

❏ 1 ist mir sehr wichtig	❏ 2 mag ich	❏ 3 ist mir egal	❏ 4 mag ich nicht	❏ 5 geht gar nicht
Bemerkung: aktiv/passiv?				

7.15 Beine streicheln

❏ 1 ist mir sehr wichtig	❏ 2 mag ich	❏ 3 ist mir egal	❏ 4 mag ich nicht	❏ 5 geht gar nicht
Bemerkung: aktiv/passiv?				

7.16 Füße und Zehen streicheln

❏ 1 ist mir sehr wichtig	❏ 2 mag ich	❏ 3 ist mir egal	❏ 4 mag ich nicht	❏ 5 geht gar nicht
Bemerkung: aktiv/passiv?				

7.17 Zusätzliche Frage. _____

_____

Diese Aussage …

❏ 1 ist mir sehr wichtig	❏ 2 mag ich	❏ 3 ist mir egal	❏ 4 mag ich nicht	❏ 5 geht gar nicht
Bemerkung				

7.18 Zusätzliche Frage. _____

_____

Diese Aussage …

☐ 1 ist mir sehr wichtig	☐ 2 mag ich	☐ 3 ist mir egal	☐ 4 mag ich nicht	☐ 5 geht gar nicht
Bemerkung				

7.19 Zusätzliche Frage. _____

_____

Diese Aussage …

☐ 1 ist mir sehr wichtig	☐ 2 mag ich	☐ 3 ist mir egal	☐ 4 mag ich nicht	☐ 5 geht gar nicht
Bemerkung				

7.20 Zusätzliche Frage. _____

_____

Diese Aussage …

☐ 1 ist mir sehr wichtig	☐ 2 mag ich	☐ 3 ist mir egal	☐ 4 mag ich nicht	☐ 5 geht gar nicht
Bemerkung				

_____

_____

_____

_____

8 Küsse

Manche Paare berichten, dass ihnen schon der erste Kuss verrät, ob es mit dem Partner sexuell klappen könnte. Das Gerücht von dem Jungen oder dem Mädchen, der oder das so unglaublich gut küssen kann, zieht sich durch die ganze Liebesliteratur und Musik, und damit eigentlich durch die gesamte Kultur. Nur was heißt das? Es ist wie beim Sex: Die Erwartungen und Wünsche sind so unterschiedlich, und es fließen natürlich auch die unterschiedlichen erotischen Partialtriebe in die Ausgestaltung des Kusses mit ein. Gute oder schlechte Küsser gibt es nicht, es gibt nur Küsse, die meinen Vorstellungen oder Träumen entsprechen oder eben nicht. Ich habe als wichtige Kriterien der sexuellen Passgenauigkeit Intimität, Aktivität und Timing hervorgehoben. Im Kuss sind alle diese Elemente bedeutsam. Wenn man das bedenkt, ist es nachvollziehbar, dass der Kuss schon sehr viel über die Passgenauigkeit unseres Partners aussagen kann.

Heftige Küsse, nasse Küsse, zarte Küsse, Austausch von Körperflüssigkeiten (Speichel) oder Getränken oder Nahrungsmitteln, lange Küsse, Küsse in allen Körperregionen, Lecken und Nuckeln an Fingern und Zehen, an Genitalien, Knabbern an der Nase, an oder in den Ohren, Saugen an Brustwarzen (weiblichen und männlichen), an weiblichen Genitalien (Klitoris, Schamlippen), an männlichen Genitalien (Penis, Hoden) und am Analbereich (siehe auch „orale Sexualität").

8.1 Trockene Lippenküsse

❏ 1 ist mir sehr wichtig	❏ 2 mag ich	❏ 3 ist mir egal	❏ 4 mag ich nicht	❏ 5 geht gar nicht
Bemerkung				

8.2 Trockene Zungenküsse

❏ 1 ist mir sehr wichtig	❏ 2 mag ich	❏ 3 ist mir egal	❏ 4 mag ich nicht	❏ 5 geht gar nicht
Bemerkung				

8.3 Feuchte Zungenküsse

❏ 1 ist mir sehr wichtig	❏ 2 mag ich	❏ 3 ist mir egal	❏ 4 mag ich nicht	❏ 5 geht gar nicht
Bemerkung				

8.4 Zarte Küsse

❏ 1 ist mir sehr wichtig	❏ 2 mag ich	❏ 3 ist mir egal	❏ 4 mag ich nicht	❏ 5 geht gar nicht
Bemerkung				

8.5 Heftige Küsse

❏ 1 ist mir sehr wichtig	❏ 2 mag ich	❏ 3 ist mir egal	❏ 4 mag ich nicht	❏ 5 geht gar nicht
Bemerkung				

8.6 Lange Küsse, ausdauernde Küsse

❏ 1 ist mir sehr wichtig	❏ 2 mag ich	❏ 3 ist mir egal	❏ 4 mag ich nicht	❏ 5 geht gar nicht
Bemerkung				

8.7 Austausch von Speichel beim Küssen

❏ 1 ist mir sehr wichtig	❏ 2 mag ich	❏ 3 ist mir egal	❏ 4 mag ich nicht	❏ 5 geht gar nicht
Bemerkung: aktiv/passiv?				

8.8 Austausch von Getränken oder Nahrungsmitteln beim Küssen

❏ 1 ist mir sehr wichtig	❏ 2 mag ich	❏ 3 ist mir egal	❏ 4 mag ich nicht	❏ 5 geht gar nicht
Bemerkung: aktiv/passiv?				

8.9 Küsse auf die Augen

❏ 1 ist mir sehr wichtig	❏ 2 mag ich	❏ 3 ist mir egal	❏ 4 mag ich nicht	❏ 5 geht gar nicht
Bemerkung: aktiv/passiv?				

8.10 Küssen/Lecken an/in Ohren

❏ 1 ist mir sehr wichtig	❏ 2 mag ich	❏ 3 ist mir egal	❏ 4 mag ich nicht	❏ 5 geht gar nicht
Bemerkung: aktiv/passiv?				

8.11 Küssen und Lecken Haaransatz

❏ 1 ist mir sehr wichtig	❏ 2 mag ich	❏ 3 ist mir egal	❏ 4 mag ich nicht	❏ 5 geht gar nicht
Bemerkung: aktiv/passiv?				

8.12 Küssen und Lecken der Arme

❏ 1 ist mir sehr wichtig	❏ 2 mag ich	❏ 3 ist mir egal	❏ 4 mag ich nicht	❏ 5 geht gar nicht
Bemerkung: aktiv/passiv?				

8.13 Küssen/Lecken/Lutschen der Finger

❏ 1 ist mir sehr wichtig	❏ 2 mag ich	❏ 3 ist mir egal	❏ 4 mag ich nicht	❏ 5 geht gar nicht
Bemerkung: aktiv/passiv?				

8.14 Küssen/Lecken am Bauchnabel

❏ 1 ist mir sehr wichtig	❏ 2 mag ich	❏ 3 ist mir egal	❏ 4 mag ich nicht	❏ 5 geht gar nicht
Bemerkung: aktiv/passiv?				

8.15 Küssen/Knabbern an den Brustwarzen

❏ 1 ist mir sehr wichtig	❏ 2 mag ich	❏ 3 ist mir egal	❏ 4 mag ich nicht	❏ 5 geht gar nicht
Bemerkung: aktiv/passiv?				

8.16 Küssen/Lecken der Genitalien

❏ 1 ist mir sehr wichtig	❏ 2 mag ich	❏ 3 ist mir egal	❏ 4 mag ich nicht	❏ 5 geht gar nicht
Bemerkung: aktiv/passiv?				

8.17 Küssen/Lecken/Beißen der Hoden

❏ 1 ist mir sehr wichtig	❏ 2 mag ich	❏ 3 ist mir egal	❏ 4 mag ich nicht	❏ 5 geht gar nicht
Bemerkung				

8.18 Anales Lecken

❏ 1 ist mir sehr wichtig	❏ 2 mag ich	❏ 3 ist mir egal	❏ 4 mag ich nicht	❏ 5 geht gar nicht
Bemerkung: aktiv/passiv?				

8.19 Lecken und Küssen an Oberschenkeln und Beinen

❏ 1 ist mir sehr wichtig	❏ 2 mag ich	❏ 3 ist mir egal	❏ 4 mag ich nicht	❏ 5 geht gar nicht
Bemerkung: aktiv/passiv?				

8.20 Lecken und Nuckeln an Füßen und Zehen

❏ 1 ist mir sehr wichtig	❏ 2 mag ich	❏ 3 ist mir egal	❏ 4 mag ich nicht	❏ 5 geht gar nicht
Bemerkung: aktiv/passiv?				

8.21 Zusätzliche Frage. _____

_____

Diese Aussage …

❏ 1 ist mir sehr wichtig	❏ 2 mag ich	❏ 3 ist mir egal	❏ 4 mag ich nicht	❏ 5 geht gar nicht
Bemerkung				

8.22 Zusätzliche Frage. _____

_____

Diese Aussage …

❏ 1 ist mir sehr wichtig	❏ 2 mag ich	❏ 3 ist mir egal	❏ 4 mag ich nicht	❏ 5 geht gar nicht
Bemerkung				

8.23 Zusätzliche Frage. _____

_____

Diese Aussage …

1	2	3	4	5
ist mir sehr wichtig	mag ich	ist mir egal	mag ich nicht	geht gar nicht
Bemerkung				

8.24 Zusätzliche Frage. _____

_____

Diese Aussage …

1	2	3	4	5
ist mir sehr wichtig	mag ich	ist mir egal	mag ich nicht	geht gar nicht
Bemerkung				

_____

_____

_____

_____

9 Temperament

Verhältnis von Aktivität und Passivität, spezielle Vorlieben oder wechselseitige Aktivitätsmuster, sexuelle Dominanz und Akzeptanz. Lasse ich mich lieber verwöhnen, möchte ich gerne genommen werden, fest oder sanft? Will ich die Fäden in der Hand behalten und den sexuellen Ablauf selber steuern, oder mag ich es gern wechselseitig und ausgeglichen? Muss der Mann seine Rolle spielen, muss die Frau ihre Rolle spielen? Liebe ich es eher aufgekratzt und temperamentvoll oder ruhiger und entspannter? Ein wesentlicher Punkt beim sexuellen Temperament ist auch die Frage nach dem Kuschel- oder Blümchensex. Mag ich den Sex in der Regel lieber sanft, zärtlich und liebevoll, mit viel Kuscheln und Streicheln (Blümchensex), oder lieber wild und heftig?

9.1 Beim Sex lieber passiv sein

1	2	3	4	5
ist mir sehr wichtig	mag ich	ist mir egal	mag ich nicht	geht gar nicht
Bemerkung: Gegensatz-Frage!				

9.2 Beim Sex lieber aktiv sein

☐ 1 ist mir sehr wichtig	☐ 2 mag ich	☐ 3 ist mir egal	☐ 4 mag ich nicht	☐ 5 geht gar nicht
Bemerkung: Gegensatz-Frage!				

9.3 Wechselhaft: mal aktiver, mal passiver

☐ 1 ist mir sehr wichtig	☐ 2 mag ich	☐ 3 ist mir egal	☐ 4 mag ich nicht	☐ 5 geht gar nicht
Bemerkung				

9.4 Sex sollte lieber sanft sein (Kuschel-, Blümchensex)

☐ 1 ist mir sehr wichtig	☐ 2 mag ich	☐ 3 ist mir egal	☐ 4 mag ich nicht	☐ 5 geht gar nicht
Bemerkung				

9.5 Sex sollte lieber heftig sein

☐ 1 ist mir sehr wichtig	☐ 2 mag ich	☐ 3 ist mir egal	☐ 4 mag ich nicht	☐ 5 geht gar nicht
Bemerkung				

9.6 Sex sollte mal sanft, mal heftig sein

☐ 1 ist mir sehr wichtig	☐ 2 mag ich	☐ 3 ist mir egal	☐ 4 mag ich nicht	☐ 5 geht gar nicht
Bemerkung				

9.7 Den Handlungsablauf selbst bestimmen

☐ 1 ist mir sehr wichtig	☐ 2 mag ich	☐ 3 ist mir egal	☐ 4 mag ich nicht	☐ 5 geht gar nicht
Bemerkung: Gegensatz-Frage!				

9.8 Den Handlungsablauf dem Partner überlassen

☐ 1 ist mir sehr wichtig	☐ 2 mag ich	☐ 3 ist mir egal	☐ 4 mag ich nicht	☐ 5 geht gar nicht
Bemerkung: Gegensatz-Frage!				

9.9 Wechselseitige Steuerung des Handlungsablaufs

☐ 1 ist mir sehr wichtig	☐ 2 mag ich	☐ 3 ist mir egal	☐ 4 mag ich nicht	☐ 5 geht gar nicht
Bemerkung				

9.10 Zusätzliche Frage. _____

_____

Diese Aussage …

☐ 1 ist mir sehr wichtig	☐ 2 mag ich	☐ 3 ist mir egal	☐ 4 mag ich nicht	☐ 5 geht gar nicht
Bemerkung				

9.11 Zusätzliche Frage. _____

_____

Diese Aussage …

☐ 1 ist mir sehr wichtig	☐ 2 mag ich	☐ 3 ist mir egal	☐ 4 mag ich nicht	☐ 5 geht gar nicht
Bemerkung				

9.12 Zusätzliche Frage. _____

_____

Diese Aussage …

☐ 1 ist mir sehr wichtig	☐ 2 mag ich	☐ 3 ist mir egal	☐ 4 mag ich nicht	☐ 5 geht gar nicht
Bemerkung				

9.13 Zusätzliche Frage. _____

_____

Diese Aussage …

□ 1 ist mir sehr wichtig	□ 2 mag ich	□ 3 ist mir egal	□ 4 mag ich nicht	□ 5 geht gar nicht
Bemerkung				

10 Dauer des Sexualaktes – Timing

Gerade in diesem Bereich gibt es oftmals erhebliche Unterschiede zwischen den Partnern. Früher galt der lange, zärtliche, kuschelige Sex als Domäne der Frau. Das hat sich zum Teil, wie bereits beschrieben, stark verändert. Gerade im Bereich des sexuellen Timings gibt es über die Geschlechtsgrenzen hinaus erhebliche Unterschiede. Aber auch individuell kann es mal so oder so sein, heute lang und zärtlich, morgen schnell und wild. Oftmals ist das Timing natürlich von der spezifischen Situation abhängig. Ein langer Kuschelsex im Fahrstuhl ist schlecht vorstellbar. Folgende unterschiedliche Wünsche sollten beachtet werden: schnelle, heftige Sexualität, überraschende, übergriffige Sexualität, schnell und zielgerichtet, vorsichtige Sexualität, mehr zärtlichkeitsorientierter Kuschel- und Blümchensex, langes Vorspiel, Tantra-Sex, der Weg ist das Ziel, das Ziel beendet nur den Weg, wiederholter Koitus während des Aktes, oder auch Abwechslung: mal ein Quickie, mal langer Sex.

Beim Timing ist auch das bereits dargestellte Problem von Wunsch und Wirklichkeit zu berücksichtigen. Die Frau will vielleicht einen schnellen Orgasmus, benötigt aber ein längeres Vorspiel. Der Mann möchte einen langen Koitus mit hinausgezögertem Orgasmus, ist aber zu erregt dafür. Hierüber müssen sich die Partner zunächst einmal selbst im Klaren sein und dann miteinander sprechen und Lösungen für das sexuelle Timing entwickeln. Fragen: Wie wünsche ich mir den Orgasmus, und wie sieht er in Wirklichkeit meist aus? Habe ich ein „Orgasmusproblem"? Wie sieht es aus? Kann mir mein Partner dabei helfen, und wenn ja, wie?

Wie sieht es mit dem Verhältnis von Vorspiel, Orgasmus oder höchster Erregungsphase zu Nachspiel und Entspannung, die Entwicklung des Sexualkontaktes in der Beziehung aus: spontan, abgesprochen, zufällig? Besondere Wünsche beim Vorspiel? Besondere Wünsche beim Nachspiel? Gemeinsam einschlafen, Zärtlichkeiten, gemeinsam reden? All das sind wichtige Unterschiede und Fragen.

Eine weitere Frage des Timings ist auch die nach der besten Uhrzeit. Mag ich den Sex lieber am Morgen nach dem Aufwachen, am Mittag („Mittagsschläfchen"), am Abend oder zur Nacht beim Zubettgehen?

10.1 Sex sollte möglichst lange dauern

❏ 1 ist mir sehr wichtig	❏ 2 mag ich	❏ 3 ist mir egal	❏ 4 mag ich nicht	❏ 5 geht gar nicht
Bemerkung				🏳

10.2 Tantra-Sex (Sexualitiät mit extrem langem Hinauszögern des Orgasmus)

❏ 1 ist mir sehr wichtig	❏ 2 mag ich	❏ 3 ist mir egal	❏ 4 mag ich nicht	❏ 5 geht gar nicht
Bemerkung				🏳

10.3 Beim Sex sollte man schnell zur Sache kommen (Quickie)

❏ 1 ist mir sehr wichtig	❏ 2 mag ich	❏ 3 ist mir egal	❏ 4 mag ich nicht	❏ 5 geht gar nicht
Bemerkung				🏳

10.4 Sex kann in der Partnerschaft auch mal übergriffig sein

❏ 1 ist mir sehr wichtig	❏ 2 mag ich	❏ 3 ist mir egal	❏ 4 mag ich nicht	❏ 5 geht gar nicht
Bemerkung				🏳

10.5 Sex sollte mal kürzer, mal länger sein

❏ 1 ist mir sehr wichtig	❏ 2 mag ich	❏ 3 ist mir egal	❏ 4 mag ich nicht	❏ 5 geht gar nicht
Bemerkung				🏳

10.6 Ein langes Vorspiel

❏ 1 ist mir sehr wichtig	❏ 2 mag ich	❏ 3 ist mir egal	❏ 4 mag ich nicht	❏ 5 geht gar nicht
Bemerkung				🏳

10.7 Ein Sexualakt mit mehreren Höhepunkten

❏ 1 ist mir sehr wichtig	❏ 2 mag ich	❏ 3 ist mir egal	❏ 4 mag ich nicht	❏ 5 geht gar nicht
Bemerkung				🏳

10.8 Ein Sexualakt ohne Höhepunkt

❒ 1 ist mir sehr wichtig	❒ 2 mag ich	❒ 3 ist mir egal	❒ 4 mag ich nicht	❒ 5 geht gar nicht
Bemerkung				

10.9 Nach dem Höhepunkt gemeinsam einschlafen

❒ 1 ist mir sehr wichtig	❒ 2 mag ich	❒ 3 ist mir egal	❒ 4 mag ich nicht	❒ 5 geht gar nicht
Bemerkung				

10.10 Nach dem Höhepunkt noch weiter zärtlich kuscheln

❒ 1 ist mir sehr wichtig	❒ 2 mag ich	❒ 3 ist mir egal	❒ 4 mag ich nicht	❒ 5 geht gar nicht
Bemerkung				

10.11 Gleich nach dem Höhepunkt miteinander reden

❒ 1 ist mir sehr wichtig	❒ 2 mag ich	❒ 3 ist mir egal	❒ 4 mag ich nicht	❒ 5 geht gar nicht
Bemerkung				

10.12 Nach dem Sex erst mal eine Zigarette rauchen

❒ 1 ist mir sehr wichtig	❒ 2 mag ich	❒ 3 ist mir egal	❒ 4 mag ich nicht	❒ 5 geht gar nicht
Bemerkung				

10.13 Nach dem Höhepunkt möglichst schnell unter die Duche

❒ 1 ist mir sehr wichtig	❒ 2 mag ich	❒ 3 ist mir egal	❒ 4 mag ich nicht	❒ 5 geht gar nicht
Bemerkung				

10.14 Sex am Morgen

❒ 1 ist mir sehr wichtig	❒ 2 mag ich	❒ 3 ist mir egal	❒ 4 mag ich nicht	❒ 5 geht gar nicht
Bemerkung				

10.15 Sex am Mittag

❏ 1 ist mir sehr wichtig	❏ 2 mag ich	❏ 3 ist mir egal	❏ 4 mag ich nicht	❏ 5 geht gar nicht
Bemerkung				

10.16 Sex am Nachmittag

❏ 1 ist mir sehr wichtig	❏ 2 mag ich	❏ 3 ist mir egal	❏ 4 mag ich nicht	❏ 5 geht gar nicht
Bemerkung				

10.17 Sex am Abend

❏ 1 ist mir sehr wichtig	❏ 2 mag ich	❏ 3 ist mir egal	❏ 4 mag ich nicht	❏ 5 geht gar nicht
Bemerkung				

10.18 Sex beim Zubettgehen

❏ 1 ist mir sehr wichtig	❏ 2 mag ich	❏ 3 ist mir egal	❏ 4 mag ich nicht	❏ 5 geht gar nicht
Bemerkung				

10.19 Zum Sex in der Nacht vom Partner geweckt werden

❏ 1 ist mir sehr wichtig	❏ 2 mag ich	❏ 3 ist mir egal	❏ 4 mag ich nicht	❏ 5 geht gar nicht
Bemerkung				

10.20 Sex zu jeder Tages- und Nachtzeit

❏ 1 ist mir sehr wichtig	❏ 2 mag ich	❏ 3 ist mir egal	❏ 4 mag ich nicht	❏ 5 geht gar nicht
Bemerkung				

10.21 Zusätzliche Frage. _____

_____

Diese Aussage …

❏ 1 ist mir sehr wichtig	❏ 2 mag ich	❏ 3 ist mir egal	❏ 4 mag ich nicht	❏ 5 geht gar nicht
Bemerkung				

10.22 Zusätzliche Frage. _____

_____

Diese Aussage …

❏ 1 ist mir sehr wichtig	❏ 2 mag ich	❏ 3 ist mir egal	❏ 4 mag ich nicht	❏ 5 geht gar nicht
Bemerkung				

10.23 Zusätzliche Frage. _____

_____

Diese Aussage …

❏ 1 ist mir sehr wichtig	❏ 2 mag ich	❏ 3 ist mir egal	❏ 4 mag ich nicht	❏ 5 geht gar nicht
Bemerkung				

10.24 Zusätzliche Frage. _____

_____

Diese Aussage …

❏ 1 ist mir sehr wichtig	❏ 2 mag ich	❏ 3 ist mir egal	❏ 4 mag ich nicht	❏ 5 geht gar nicht
Bemerkung				

_____

11 Sexuelle Praktiken

Unabhängig von unendlich vielen Stellungen der genitalen Sexualität, gibt es eine Fülle sexuell befriedigender Praktiken, die entweder im Rahmen des Vorspiels oder auch statt des Koitus eine Rolle spielen können:

• Orale Sexualität

Habe ich gerne oral-genitalen Kontakt, aktiv oder passiv, gleichzeitig wie bei der 69er Stellung, oder lieber nacheinander? Was passiert mit dem Sperma, wie gehe ich damit um, ekle ich mich davor oder macht es mich im Gegenteil wild, mag ich es gerne schlucken? Erregt es mich, wenn meine Partnerin mein Sperma schluckt? Welche Körperstellen sind für orale Zärtlichkeit empfindlich? Mag ich Küssen und Lecken der Brustwarzen, auch Saugen und Beißen (oft auch unbewusst und nicht akzeptiert als erogene Zone bei Männern) an Ohren, Nacken, Bauch, Augenlidern, Fingern, Zehen etc.? Und mag ich genital lieber an der Klitoris, an der ganzen Vulva, am Penis oder an den Hoden verwöhnt werden?

• Manuelle Sexualität

Lasse ich mich gerne mit der Hand befriedigen, bis zum Höhepunkt, oder nur als Vorbereitung auf genitale Vereinigung? Mag ich die tiefe Vaginalmassage mit Stimulation des G-Punkts oder lieber Stimulation im Bereich der Vulva und Klitoris? Mag ich lieber fest oder sanft berührt und angefasst werden?

• Anale Sexualität

Mag ich anal berührt werden, mag ich das Eindringen mit dem Finger oder Gegenständen? Habe ich dabei lieber den aktiven, ausführenden Part oder den passiven, empfangenden? Mag ich den direkten genitalen Analverkehr? Stören mich dabei Gerüche, oder erregen sie mich? Wie halte ich es mit Gleitmitteln?

• Austausch von Körperflüssigkeiten

Neben dem Austausch von Speichel beim Küssen gehören auch Sperma und Urin zu den Flüssigkeiten, die bei der Sexualität eine Rolle spielen können. Wo soll das Sperma landen, in welchen Körperöffnungen, auf welchen Hautstellen? Sind Spiele mit Urin für mich erotisch, lass ich mir Urin gerne über die Haut oder in den Mund laufen, möchte ich gerne auf meinen Partner urinieren?

Orale Sexualität (siehe auch 8-Küssen)

11.1 Oral-genitaler Kontakt

☐ 1 ist mir sehr wichtig	☐ 2 mag ich	☐ 3 ist mir egal	☐ 4 mag ich nicht	☐ 5 geht gar nicht
Bemerkung: aktiv/passiv?				

11.2 69er-Stellung (gleichzeitiger oral-genitaler Kontakt), ich oben

☐ 1 ist mir sehr wichtig	☐ 2 mag ich	☐ 3 ist mir egal	☐ 4 mag ich nicht	☐ 5 geht gar nicht
Bemerkung: aktiv/passiv?				

11.3 69er-Stellung, ich unten

☐ 1 ist mir sehr wichtig	☐ 2 mag ich	☐ 3 ist mir egal	☐ 4 mag ich nicht	☐ 5 geht gar nicht
Bemerkung				

11.4 Orale Befriedigung nacheinander

☐ 1 ist mir sehr wichtig	☐ 2 mag ich	☐ 3 ist mir egal	☐ 4 mag ich nicht	☐ 5 geht gar nicht
Bemerkung				

11.5 Klitorale Befriedigung mit der Zunge bis zum Orgasmus

☐ 1 ist mir sehr wichtig	☐ 2 mag ich	☐ 3 ist mir egal	☐ 4 mag ich nicht	☐ 5 geht gar nicht
Bemerkung: aktiv/passiv?				

11.6 Lecken und Küssen der Vulva

☐ 1 ist mir sehr wichtig	☐ 2 mag ich	☐ 3 ist mir egal	☐ 4 mag ich nicht	☐ 5 geht gar nicht
Bemerkung: aktiv/passiv?				

11.7 Penis in den Mund nehmen

☐ 1 ist mir sehr wichtig	☐ 2 mag ich	☐ 3 ist mir egal	☐ 4 mag ich nicht	☐ 5 geht gar nicht
Bemerkung: aktiv/passiv?				

11.8 Penis sehr tief in den Mund/Rachen nehmen

❑ 1 ist mir sehr wichtig	❑ 2 mag ich	❑ 3 ist mir egal	❑ 4 mag ich nicht	❑ 5 geht gar nicht
Bemerkung: aktiv/passiv?				

11.9 Fellatio (orales Herbeiführen der Ejakulation)

❑ 1 ist mir sehr wichtig	❑ 2 mag ich	❑ 3 ist mir egal	❑ 4 mag ich nicht	❑ 5 geht gar nicht
Bemerkung: aktiv/passiv/austauschen?				

11.10 Sperma im Mund

❑ 1 ist mir sehr wichtig	❑ 2 mag ich	❑ 3 ist mir egal	❑ 4 mag ich nicht	❑ 5 geht gar nicht
Bemerkung: aktiv/passiv?				

11.11 Sperma schlucken

❑ 1 ist mir sehr wichtig	❑ 2 mag ich	❑ 3 ist mir egal	❑ 4 mag ich nicht	❑ 5 geht gar nicht
Bemerkung: aktiv/passiv?				

11.12 Sperma ins Gesicht oder auf den Körper spritzen

❑ 1 ist mir sehr wichtig	❑ 2 mag ich	❑ 3 ist mir egal	❑ 4 mag ich nicht	❑ 5 geht gar nicht
Bemerkung: aktiv/passiv?				

Manuelle Sexualität

11.13 Mit der Hand befriedigt werden bis zum Höhepunkt

❑ 1 ist mir sehr wichtig	❑ 2 mag ich	❑ 3 ist mir egal	❑ 4 mag ich nicht	❑ 5 geht gar nicht
Bemerkung: aktiv/passiv?				

11.14 Manuelle Klitoris-Stimulation

❑ 1 ist mir sehr wichtig	❑ 2 mag ich	❑ 3 ist mir egal	❑ 4 mag ich nicht	❑ 5 geht gar nicht
Bemerkung: aktiv/passiv?				

11.15 Manuelle Vulva-Stimulation

❏ 1 ist mir sehr wichtig	❏ 2 mag ich	❏ 3 ist mir egal	❏ 4 mag ich nicht	❏ 5 geht gar nicht
Bemerkung: aktiv/passiv?				🏳

11.16 Manuelle tiefe vaginale Stimulaion (z. B. G-Punkt)

❏ 1 ist mir sehr wichtig	❏ 2 mag ich	❏ 3 ist mir egal	❏ 4 mag ich nicht	❏ 5 geht gar nicht
Bemerkung: aktiv/passiv?				🏳

11.17 Manuelle Penis-Stimulation

❏ 1 ist mir sehr wichtig	❏ 2 mag ich	❏ 3 ist mir egal	❏ 4 mag ich nicht	❏ 5 geht gar nicht
Bemerkung: aktiv/passiv?				🏳

11.18 Manuelle Hoden-Stimulation

❏ 1 ist mir sehr wichtig	❏ 2 mag ich	❏ 3 ist mir egal	❏ 4 mag ich nicht	❏ 5 geht gar nicht
Bemerkung: aktiv/passiv?				🏳

11.19 Mit dem Finger den Anus stimulieren

❏ 1 ist mir sehr wichtig	❏ 2 mag ich	❏ 3 ist mir egal	❏ 4 mag ich nicht	❏ 5 geht gar nicht
Bemerkung: aktiv/passiv?				🏳

11.20 Manuelle Stimulationen eher sanft

❏ 1 ist mir sehr wichtig	❏ 2 mag ich	❏ 3 ist mir egal	❏ 4 mag ich nicht	❏ 5 geht gar nicht
Bemerkung: aktiv/passiv?				🏳

11.21 Manuelle Stimulationen eher kräftig

❏ 1 ist mir sehr wichtig	❏ 2 mag ich	❏ 3 ist mir egal	❏ 4 mag ich nicht	❏ 5 geht gar nicht
Bemerkung: aktiv/passiv?				🏳

Anale Sexualität

11.22 Der Anus als erotische Zone

❏ 1 ist mir sehr wichtig	❏ 2 mag ich	❏ 3 ist mir egal	❏ 4 mag ich nicht	❏ 5 geht gar nicht
Bemerkung: aktiv/passiv?				

11.23 Anale Stimulation

❏ 1 ist mir sehr wichtig	❏ 2 mag ich	❏ 3 ist mir egal	❏ 4 mag ich nicht	❏ 5 geht gar nicht
Bemerkung: aktiv/passiv?				

11.24 Analverkehr

❏ 1 ist mir sehr wichtig	❏ 2 mag ich	❏ 3 ist mir egal	❏ 4 mag ich nicht	❏ 5 geht gar nicht
Bemerkung: aktiv/passiv?				

11.25 Gerüche in diesem Bereich

❏ 1 ist mir sehr wichtig	❏ 2 mag ich	❏ 3 ist mir egal	❏ 4 mag ich nicht	❏ 5 geht gar nicht
Bemerkung: aktiv/passiv?				

11.26 Spucke als Gleitmittel reicht

❏ 1 ist mir sehr wichtig	❏ 2 mag ich	❏ 3 ist mir egal	❏ 4 mag ich nicht	❏ 5 geht gar nicht
Bemerkung				

11.27 Gleitmittel bei analer Sexualität

❏ 1 ist mir sehr wichtig	❏ 2 mag ich	❏ 3 ist mir egal	❏ 4 mag ich nicht	❏ 5 geht gar nicht
Bemerkung				

Austausch von Körperflüssigkeiten

(Spucke und Sperma, siehe auch oben)

11.28 Körperflüssigkeiten des Partners im Mund oder auf dem Körper

❏ 1 ist mir sehr wichtig	❏ 2 mag ich	❏ 3 ist mir egal	❏ 4 mag ich nicht	❏ 5 geht gar nicht
Bemerkung: aktiv/passiv?				

11.29 Scheidensekret der Partnerin im Mund

❏ 1 ist mir sehr wichtig	❏ 2 mag ich	❏ 3 ist mir egal	❏ 4 mag ich nicht	❏ 5 geht gar nicht
Bemerkung				

11.30 Sperma des Partners im Mund

❏ 1 ist mir sehr wichtig	❏ 2 mag ich	❏ 3 ist mir egal	❏ 4 mag ich nicht	❏ 5 geht gar nicht
Bemerkung				

11.31 Urin des Partners im Mund oder auf der Haut

❏ 1 ist mir sehr wichtig	❏ 2 mag ich	❏ 3 ist mir egal	❏ 4 mag ich nicht	❏ 5 geht gar nicht
Bemerkung: aktiv/passiv?				

„Mischtechniken"

11.32 Gleichzeitig manuell und oral

❏ 1 ist mir sehr wichtig	❏ 2 mag ich	❏ 3 ist mir egal	❏ 4 mag ich nicht	❏ 5 geht gar nicht
Bemerkung				

11.33 Gleichzeitig manuell und genital

❏ 1 ist mir sehr wichtig	❏ 2 mag ich	❏ 3 ist mir egal	❏ 4 mag ich nicht	❏ 5 geht gar nicht
Bemerkung				

11.34 Gleichzeitig genital und anal

☐ 1 ist mir sehr wichtig	☐ 2 mag ich	☐ 3 ist mir egal	☐ 4 mag ich nicht	☐ 5 geht gar nicht
Bemerkung				

11.35 Zusätzliche Frage. _____

_____

Diese Aussage …

☐ 1 ist mir sehr wichtig	☐ 2 mag ich	☐ 3 ist mir egal	☐ 4 mag ich nicht	☐ 5 geht gar nicht
Bemerkung				

11.36 Zusätzliche Frage. _____

_____

Diese Aussage …

☐ 1 ist mir sehr wichtig	☐ 2 mag ich	☐ 3 ist mir egal	☐ 4 mag ich nicht	☐ 5 geht gar nicht
Bemerkung				

11.37 Zusätzliche Frage. _____

_____

Diese Aussage …

☐ 1 ist mir sehr wichtig	☐ 2 mag ich	☐ 3 ist mir egal	☐ 4 mag ich nicht	☐ 5 geht gar nicht
Bemerkung				

11.38 Zusätzliche Frage. _____

_____

Diese Aussage …

☐ 1 ist mir sehr wichtig	☐ 2 mag ich	☐ 3 ist mir egal	☐ 4 mag ich nicht	☐ 5 geht gar nicht
Bemerkung				⚑

_____

_____

_____

_____

12 Sexuelle Stellungen beim Koitus

In den Sex-Ratgebern geht es überwiegend um Stellungen, in diesem Buch geht es vorrangig um Einstellungen. Auch die Fülle sexueller Stellungen lässt sich nicht vollständig erfassen. Letzten Endes sind hier die Lust an Experimenten und gemeinsame Kreativität gefragt. Man kann natürlich auch im Kamasutra und in neueren Sexualratgebern nachschauen. Aber bei den „Standardstellungen" gibt es doch recht festgefahrene Vorstellungen darüber, wie ein gutes Funktionieren der Sexualität zu erreichen ist. Mag ich die Sexualität gern in verschiedenen Stellungen, bevorzuge ich eine bestimmte, mag ich gerne die Missionarsstellung, die Hündchenstellung, verschiedene Formen der Reiterstellungen oder die Löffelchenstellung, mag ich es im Sitzen oder im Stehen, bin ich im Liegen lieber oben oder unten?

12.1 Lieblingsstellungen beim Koitus

☐ 1 ist mir sehr wichtig	☐ 2 mag ich	☐ 3 ist mir egal	☐ 4 mag ich nicht	☐ 5 geht gar nicht
Bemerkung				⚑

12.2 Experimentierfreudigkeit bei den Stellungen

☐ 1 ist mir sehr wichtig	☐ 2 mag ich	☐ 3 ist mir egal	☐ 4 mag ich nicht	☐ 5 geht gar nicht
Bemerkung: aktiv/passiv?				⚑

12.3 Abwechslung bei den Stellungen

☐ 1 ist mir sehr wichtig	☐ 2 mag ich	☐ 3 ist mir egal	☐ 4 mag ich nicht	☐ 5 geht gar nicht
Bemerkung				

12.4 Bei einem Sexualakt mehrmals die Stellung wechseln

☐ 1 ist mir sehr wichtig	☐ 2 mag ich	☐ 3 ist mir egal	☐ 4 mag ich nicht	☐ 5 geht gar nicht
Bemerkung				

12.5 Missionarsstellung

☐ 1 ist mir sehr wichtig	☐ 2 mag ich	☐ 3 ist mir egal	☐ 4 mag ich nicht	☐ 5 geht gar nicht
Bemerkung				

12.6 Hündchenstellung

☐ 1 ist mir sehr wichtig	☐ 2 mag ich	☐ 3 ist mir egal	☐ 4 mag ich nicht	☐ 5 geht gar nicht
Bemerkung				

12.7 Reiterstellungen

☐ 1 ist mir sehr wichtig	☐ 2 mag ich	☐ 3 ist mir egal	☐ 4 mag ich nicht	☐ 5 geht gar nicht
Bemerkung: aktiv/passiv?				

12.8 Löffelchenstellung

☐ 1 ist mir sehr wichtig	☐ 2 mag ich	☐ 3 ist mir egal	☐ 4 mag ich nicht	☐ 5 geht gar nicht
Bemerkung				

12.9 Exotische Stellungen (z. B. Kamasutra)

☐ 1 ist mir sehr wichtig	☐ 2 mag ich	☐ 3 ist mir egal	☐ 4 mag ich nicht	☐ 5 geht gar nicht
Bemerkung				

12.10 Sex im Stehen

☐ 1 ist mir sehr wichtig	☐ 2 mag ich	☐ 3 ist mir egal	☐ 4 mag ich nicht	☐ 5 geht gar nicht
Bemerkung				

12.11 Sex im Liegen

☐ 1 ist mir sehr wichtig	☐ 2 mag ich	☐ 3 ist mir egal	☐ 4 mag ich nicht	☐ 5 geht gar nicht
Bemerkung				

12.12 Beim Sex lieber oben

☐ 1 ist mir sehr wichtig	☐ 2 mag ich	☐ 3 ist mir egal	☐ 4 mag ich nicht	☐ 5 geht gar nicht
Bemerkung				

12.13 Sex im Sitzen

☐ 1 ist mir sehr wichtig	☐ 2 mag ich	☐ 3 ist mir egal	☐ 4 mag ich nicht	☐ 5 geht gar nicht
Bemerkung				

12.14 Sex auf dem Boden

☐ 1 ist mir sehr wichtig	☐ 2 mag ich	☐ 3 ist mir egal	☐ 4 mag ich nicht	☐ 5 geht gar nicht
Bemerkung				

12.15 Sex auf dem Tisch

☐ 1 ist mir sehr wichtig	☐ 2 mag ich	☐ 3 ist mir egal	☐ 4 mag ich nicht	☐ 5 geht gar nicht
Bemerkung				

12.16 Sex auf ungewöhnlichen Gegenständen (z. B. Waschmaschine)

☐ 1 ist mir sehr wichtig	☐ 2 mag ich	☐ 3 ist mir egal	☐ 4 mag ich nicht	☐ 5 geht gar nicht
Bemerkung				

12.17 Zusätzliche Frage. _____

_____

Diese Aussage …

❏ 1 ist mir sehr wichtig	❏ 2 mag ich	❏ 3 ist mir egal	❏ 4 mag ich nicht	❏ 5 geht gar nicht
Bemerkung				

12.18 Zusätzliche Frage. _____

_____

Diese Aussage …

❏ 1 ist mir sehr wichtig	❏ 2 mag ich	❏ 3 ist mir egal	❏ 4 mag ich nicht	❏ 5 geht gar nicht
Bemerkung				

12.19 Zusätzliche Frage. _____

_____

Diese Aussage …

❏ 1 ist mir sehr wichtig	❏ 2 mag ich	❏ 3 ist mir egal	❏ 4 mag ich nicht	❏ 5 geht gar nicht
Bemerkung				

12.20 Zusätzliche Frage. _____

_____

Diese Aussage …

❏ 1 ist mir sehr wichtig	❏ 2 mag ich	❏ 3 ist mir egal	❏ 4 mag ich nicht	❏ 5 geht gar nicht
Bemerkung				

13 Sexueller Höhepunkt

Brauche ich immer einen Orgasmus, bin ich glücklich und befriedigt ohne Orgasmus? Soll mein Partner immer einen Orgasmus haben, damit er sich wohl fühlt, oder ich mich wohl fühle? Sind intime Nähe und Zärtlichkeit wichtiger als der Orgasmus? Möchte ich mehrere Orgasmen hintereinander, andere sexuelle Höhepunkte, sollte der Orgasmus möglichst immer bei beiden Partnern gleichzeitig sein, oder möglichst hintereinander? Ist gegenseitige Befriedigung mit der Hand oder der Zunge und dem Mund schöner als genital, oder umgekehrt, oder gleichwertig?

In Psychologie Heute (9/2014) wird in dem Artikel „Sex: Der Krampf ums Kommen" von einer Studie berichtet. Die Psychologin Andrea Burri hatte 1500 Frauen aus Italien, Mexiko und Südamerika nach dem Orgasmus befragt. Zwar litten die Frauen unter dem frühen Orgasmus der Männer, aber wesentlich mehr litten sie darunter, dass sie oft das Gefühl hatten, der Mann konzentriere sich nur auf das Hinauszögern des Samenergusses. Dadurch entstehe bei den Frauen sexueller Frust, weil die Männer sich nicht mehr auf die Bedürfnisse der Frauen konzentrieren würden. Sie berichtet, dass für Frauen, die keinen oder selten einen Orgasmus haben, nicht die Dauer des Aktes entscheidend ist, sondern die Intimität und Bindung zum Partner durch den Sex.

Wie steht es mit dem Vortäuschen eines Orgasmus? Manchmal kann es den Ablauf des Sexualaktes harmonisieren, wenn ein Orgasmus ihn beendet. Wenn der Partner auf dieses Zeichen wartet, und es ihn bestätigt, ist das Vorspielen eines Orgasmus vielleicht eine Möglichkeit. Dies gilt besonders dann, wenn der Partner auch ohne Orgasmus durch den sexuellen Akt befriedigt war.

13.1 Beim Sex immer einen Orgasmus haben

❏ 1 ist mir sehr wichtig	❏ 2 mag ich	❏ 3 ist mir egal	❏ 4 mag ich nicht	❏ 5 geht gar nicht
Bemerkung: aktiv/passiv?				⚑

13.2 Der eigene Orgasmus

❏ 1 ist mir sehr wichtig	❏ 2 mag ich	❏ 3 ist mir egal	❏ 4 mag ich nicht	❏ 5 geht gar nicht
Bemerkung				⚑

13.3 Der Orgasmus des Partners

❏ 1 ist mir sehr wichtig	❏ 2 mag ich	❏ 3 ist mir egal	❏ 4 mag ich nicht	❏ 5 geht gar nicht
Bemerkung				

13.4 Sexualität und Koitus ohne eigenen Orgasmus

❏ 1 ist mir sehr wichtig	❏ 2 mag ich	❏ 3 ist mir egal	❏ 4 mag ich nicht	❏ 5 geht gar nicht
Bemerkung				

13.5 Mehrere Orgasmen bei einem Sexualakt haben

❏ 1 ist mir sehr wichtig	❏ 2 mag ich	❏ 3 ist mir egal	❏ 4 mag ich nicht	❏ 5 geht gar nicht
Bemerkung				

13.6 Gleichzeitiger Orgasmus mit dem Partner

❏ 1 ist mir sehr wichtig	❏ 2 mag ich	❏ 3 ist mir egal	❏ 4 mag ich nicht	❏ 5 geht gar nicht
Bemerkung				

13.7 Koitus ist mir wichtiger als andere Formen des Orgasmus. Diese Aussage…

❏ 1 ist mir sehr wichtig	❏ 2 mag ich	❏ 3 ist mir egal	❏ 4 mag ich nicht	❏ 5 geht gar nicht
Bemerkung				

13.8 Den Orgasmus beim Sexualakt hinauszögern

❏ 1 ist mir sehr wichtig	❏ 2 mag ich	❏ 3 ist mir egal	❏ 4 mag ich nicht	❏ 5 geht gar nicht
Bemerkung				

13.9 Meinen Partner bei der Orgasmuskontrolle unterstützen

❏ 1 ist mir sehr wichtig	❏ 2 mag ich	❏ 3 ist mir egal	❏ 4 mag ich nicht	❏ 5 geht gar nicht
Bemerkung				

13.10 Von meinem Partner in der Orgasmuskontrolle unterstützt werden

☐ 1 ist mir sehr wichtig	☐ 2 mag ich	☐ 3 ist mir egal	☐ 4 mag ich nicht	☐ 5 geht gar nicht
Bemerkung				

13.11 Den Orgasmus durch Stopp- und Startsignale steuern

☐ 1 ist mir sehr wichtig	☐ 2 mag ich	☐ 3 ist mir egal	☐ 4 mag ich nicht	☐ 5 geht gar nicht
Bemerkung				

13.12 Einen Orgasmus vorspielen

☐ 1 ist mir sehr wichtig	☐ 2 mag ich	☐ 3 ist mir egal	☐ 4 mag ich nicht	☐ 5 geht gar nicht
Bemerkung				

13.13 Sich beim Orgasmus in einen absoluten Rausch steigern, eventuell mit „Filmriss"

☐ 1 ist mir sehr wichtig	☐ 2 mag ich	☐ 3 ist mir egal	☐ 4 mag ich nicht	☐ 5 geht gar nicht
Bemerkung				

13.14 Zusätzliche Frage._____

_____

Diese Aussage …

☐ 1 ist mir sehr wichtig	☐ 2 mag ich	☐ 3 ist mir egal	☐ 4 mag ich nicht	☐ 5 geht gar nicht
Bemerkung				

13.15 Zusätzliche Frage. _____

_____

Diese Aussage …

❏ 1 ist mir sehr wichtig	❏ 2 mag ich	❏ 3 ist mir egal	❏ 4 mag ich nicht	❏ 5 geht gar nicht
Bemerkung				

13.16 Zusätzliche Frage. _____

_____

Diese Aussage …

❏ 1 ist mir sehr wichtig	❏ 2 mag ich	❏ 3 ist mir egal	❏ 4 mag ich nicht	❏ 5 geht gar nicht
Bemerkung				

13.17 Zusätzliche Frage. _____

_____

Diese Aussage …

❏ 1 ist mir sehr wichtig	❏ 2 mag ich	❏ 3 ist mir egal	❏ 4 mag ich nicht	❏ 5 geht gar nicht
Bemerkung				

_____

_____

_____

_____

14 Rollenspiele und Fetisch

Der Fetisch in der Sexualität bezeichnet die Erregung durch Objekte oder Kleidungsstücke. Streng genommen spielt schon die Alltagskleidung eine entsprechende Rolle. Erst recht die Unterwäsche, die unsere sexuellen Reize nur noch knapp bedeckt. Seit jeher hat die Wäsche in Erotik und Sexualität eine große Bedeutung. Entsprechend gelten natürlich die individuellen Fragen: Stimuliert mich die Wäsche meines Partners sexuell? Würde ich selber Reizwäsche tragen? Was ist mit Schuhen, Stiefeln, Strapsen und nuttigen Outfits?

Auch Rollenspiele mit und ohne Verkleidung haben ihren festen Platz in der Sexualität (Arzt und Krankenschwester, Nutte und Freier, Anbaggern im Lokal, Erziehungsspiele etc.). Abgesprochen oder spontan, mit Hilfsmitteln und Verkleidung, festgeschriebenes Rollenprofil oder -ritual oder wechselnd (switch)? Spezielle Kleidung, Lack und Leder, Gummi und Latex, Ketten, Handschellen, Seile und Bänder?

14.1 Erotische Unterwäsche

❏ 1 ist mir sehr wichtig	❏ 2 mag ich	❏ 3 ist mir egal	❏ 4 mag ich nicht	❏ 5 geht gar nicht
Bemerkung: aktiv/passiv?				🏳

14.2 Spezielle Reizwäsche (z. B. Strapse)

❏ 1 ist mir sehr wichtig	❏ 2 mag ich	❏ 3 ist mir egal	❏ 4 mag ich nicht	❏ 5 geht gar nicht
Bemerkung: aktiv/passiv?				🏳

14.3 Nuttige Outfits (z. B. geschlitzte Slips)

❏ 1 ist mir sehr wichtig	❏ 2 mag ich	❏ 3 ist mir egal	❏ 4 mag ich nicht	❏ 5 geht gar nicht
Bemerkung: aktiv/passiv?				🏳

14.4 Sex in Stiefeln

❏ 1 ist mir sehr wichtig	❏ 2 mag ich	❏ 3 ist mir egal	❏ 4 mag ich nicht	❏ 5 geht gar nicht
Bemerkung: aktiv/passiv?				🏳

14.5 Sex in Socken

❏ 1 ist mir sehr wichtig	❏ 2 mag ich	❏ 3 ist mir egal	❏ 4 mag ich nicht	❏ 5 geht gar nicht
Bemerkung: aktiv/passiv?				🏳

14.6 Sex lieber ganz nackt

☐ 1 ist mir sehr wichtig	☐ 2 mag ich	☐ 3 ist mir egal	☐ 4 mag ich nicht	☐ 5 geht gar nicht
Bemerkung: aktiv/passiv?				

14.7 Sex in Lack

☐ 1 ist mir sehr wichtig	☐ 2 mag ich	☐ 3 ist mir egal	☐ 4 mag ich nicht	☐ 5 geht gar nicht
Bemerkung: aktiv/passiv?				

14.8 Sex in Leder

☐ 1 ist mir sehr wichtig	☐ 2 mag ich	☐ 3 ist mir egal	☐ 4 mag ich nicht	☐ 5 geht gar nicht
Bemerkung: aktiv/passiv?				

14.9 Sex in Latex

☐ 1 ist mir sehr wichtig	☐ 2 mag ich	☐ 3 ist mir egal	☐ 4 mag ich nicht	☐ 5 geht gar nicht
Bemerkung: aktiv/passiv?				

14.10 Sex in Gummi

☐ 1 ist mir sehr wichtig	☐ 2 mag ich	☐ 3 ist mir egal	☐ 4 mag ich nicht	☐ 5 geht gar nicht
Bemerkung: aktiv/passiv?				

14.11 Rollenspiele beim Sex

☐ 1 ist mir sehr wichtig	☐ 2 mag ich	☐ 3 ist mir egal	☐ 4 mag ich nicht	☐ 5 geht gar nicht
Bemerkung				

14.12 Rollenspiele mit Verkleidung

☐ 1 ist mir sehr wichtig	☐ 2 mag ich	☐ 3 ist mir egal	☐ 4 mag ich nicht	☐ 5 geht gar nicht
Bemerkung				

14.13 Doktorspiele

❏ 1 ist mir sehr wichtig	❏ 2 mag ich	❏ 3 ist mir egal	❏ 4 mag ich nicht	❏ 5 geht gar nicht
Bemerkung				

14.14 Arzt-und-Krankenschwester-Spiele

❏ 1 ist mir sehr wichtig	❏ 2 mag ich	❏ 3 ist mir egal	❏ 4 mag ich nicht	❏ 5 geht gar nicht
Bemerkung				

14.15 Vorgesetzter-und-Untergebener-Spiele

❏ 1 ist mir sehr wichtig	❏ 2 mag ich	❏ 3 ist mir egal	❏ 4 mag ich nicht	❏ 5 geht gar nicht
Bemerkung				

14.16 Lehrer-und-Schülerin-Spiele

❏ 1 ist mir sehr wichtig	❏ 2 mag ich	❏ 3 ist mir egal	❏ 4 mag ich nicht	❏ 5 geht gar nicht
Bemerkung				

14.17 Putzfrau-und-Hausherr-Spiele

❏ 1 ist mir sehr wichtig	❏ 2 mag ich	❏ 3 ist mir egal	❏ 4 mag ich nicht	❏ 5 geht gar nicht
Bemerkung				

14.18 Domina-und-Sklave-Spiele

❏ 1 ist mir sehr wichtig	❏ 2 mag ich	❏ 3 ist mir egal	❏ 4 mag ich nicht	❏ 5 geht gar nicht
Bemerkung				

14.19 Herr-und-Sklavin-Spiele

❏ 1 ist mir sehr wichtig	❏ 2 mag ich	❏ 3 ist mir egal	❏ 4 mag ich nicht	❏ 5 geht gar nicht
Bemerkung				

14.20 Gefängniswärter-und-Gefangener-Spiele

☐ 1 ist mir sehr wichtig	☐ 2 mag ich	☐ 3 ist mir egal	☐ 4 mag ich nicht	☐ 5 geht gar nicht
Bemerkung				

14.21 Postbote-oder-Handwerker-und-Hausfrau-Spiele

☐ 1 ist mir sehr wichtig	☐ 2 mag ich	☐ 3 ist mir egal	☐ 4 mag ich nicht	☐ 5 geht gar nicht
Bemerkung				

14.22 Fremde Begegnung in der Öffentlichkeit spielen (z. B. Hotelbar)

☐ 1 ist mir sehr wichtig	☐ 2 mag ich	☐ 3 ist mir egal	☐ 4 mag ich nicht	☐ 5 geht gar nicht
Bemerkung				

14.23 Nutte-und-Freier-Spiele

☐ 1 ist mir sehr wichtig	☐ 2 mag ich	☐ 3 ist mir egal	☐ 4 mag ich nicht	☐ 5 geht gar nicht
Bemerkung				

14.24 Serviererin-und-Gast-Spiele

☐ 1 ist mir sehr wichtig	☐ 2 mag ich	☐ 3 ist mir egal	☐ 4 mag ich nicht	☐ 5 geht gar nicht
Bemerkung				

14.25 Baby-und-Pflegeperson-Spiele

☐ 1 ist mir sehr wichtig	☐ 2 mag ich	☐ 3 ist mir egal	☐ 4 mag ich nicht	☐ 5 geht gar nicht
Bemerkung				

14.26 Vergewaltigungsspiele

☐ 1 ist mir sehr wichtig	☐ 2 mag ich	☐ 3 ist mir egal	☐ 4 mag ich nicht	☐ 5 geht gar nicht
Bemerkung: aktiv/passiv?				

14.27 Sexuelle Fetische

☐ 1 ist mir sehr wichtig	☐ 2 mag ich	☐ 3 ist mir egal	☐ 4 mag ich nicht	☐ 5 geht gar nicht
Bemerkung				

14.28 Getragene Unterwäsche als Fetisch

☐ 1 ist mir sehr wichtig	☐ 2 mag ich	☐ 3 ist mir egal	☐ 4 mag ich nicht	☐ 5 geht gar nicht
Bemerkung				

14.29 Andere Kleidungsstücke als Fetisch

☐ 1 ist mir sehr wichtig	☐ 2 mag ich	☐ 3 ist mir egal	☐ 4 mag ich nicht	☐ 5 geht gar nicht
Bemerkung				

13.20 Zusätzliche Frage. _____

_____

Diese Aussage …

☐ 1 ist mir sehr wichtig	☐ 2 mag ich	☐ 3 ist mir egal	☐ 4 mag ich nicht	☐ 5 geht gar nicht
Bemerkung				

14.31 Zusätzliche Frage. _____

_____

Diese Aussage …

☐ 1 ist mir sehr wichtig	☐ 2 mag ich	☐ 3 ist mir egal	☐ 4 mag ich nicht	☐ 5 geht gar nicht
Bemerkung				

14.32 Zusätzliche Frage. _____

_____

Diese Aussage …

❑ 1 ist mir sehr wichtig	❑ 2 mag ich	❑ 3 ist mir egal	❑ 4 mag ich nicht	❑ 5 geht gar nicht
Bemerkung				⚑

14.33 Zusätzliche Frage. _____

_____

Diese Aussage …

❑ 1 ist mir sehr wichtig	❑ 2 mag ich	❑ 3 ist mir egal	❑ 4 mag ich nicht	❑ 5 geht gar nicht
Bemerkung				⚑

_____

_____

_____

_____

15 Sadomasochistische Aspekte

Rollenspiel und Fetisch leiten zum Thema SM-Sex über und spielen in diesem Bereich eine wesentliche Rolle. Der Begriff Sadomasochismus ist abgeleitet von den erotischen Schriften des Marquis de Sade, die oft Gewaltfantasien beinhalten. Heutzutage wird meist von BDSM-Sex gesprochen. „B" steht für Bondage, „D" für Disziplin und Dominanz, „S" für Submission (Unterwürfigkeit) und Sadismus und „M" für Masochismus. Diese Bezeichnung ist etwas sperrig. Letzten Endes geht es um ein Phänomen von Gefühlsambivalenzen in der sexuellen Erregung. Lust, Schmerz, Aggression, Zärtlichkeit führen im Gehirn oft zu einer Erregungsspirale, die das sexuelle Erleben steigern kann. Durch entsprechend dramatische Gefühle werden aufputschende Hormone, wie zum Beispiel Adrenalin, freigesetzt, die die Erregung beeinflussen können.

Wer kennt nicht die mehr oder weniger zärtlichen Bisse im Stadium sexueller Erregung, die spitzen Schreie, die bei dem Verursacher und dem Empfänger die Lust steigern können! Seit der Romantrilogie um „Fifty Shades of Grey" ist der Sadomasochismus sowieso in aller Munde. Oftmals haben die Schmerzen auch die Funktion, von der orgasmus-orientierten Erregung abzulenken und auf einem anderen, höchsten Erregungsniveau den Orgasmus hinauszuschieben. Mit und ohne Rollenspiel gibt es verschiedene Facetten: Freude an Qualen, an Dominanz oder Unterwürfigkeit, am Fesseln und Schlagen, Schlagen mit der Hand (Spanking) oder Peitschen und Gerten, Freude an Schmerzen, verursacht durch Beißen, Kneifen, heißes Wachs oder andere Dinge, Wünsche nach Ausgeliefertsein, gefesselt zu werden, mit Handschellen angekettet und, geknebelt zu sein, mit Halsband um den Hals, getreten, geschlagen, bespuckt zu werden, angepinkelt zu werden oder mit Exkrementen beschmiert zu werden, entspringen ebenso sexuellen Fantasien.

Sadomasochismus gehört wohl zu den stärksten Tabubereichen in der Sexualität. Viele Menschen rücken ihn in den Bereich der sexuellen Perversionen (sexuelle Devianz oder Paraphilie). Dabei ist er in der einen oder anderen Form weit verbreitet. Es gibt mehrere Untersuchungen, dass es sich bei Liebhabern sadomasochistischer Spiele um ganz „normale" Menschen handelt, die überdurchschnittlich psychisch gesund und ausgeglichen sind. Ein großes Vertrauensverhältnis zwischen den Partnern ist bei diesen Spielen enorm wichtig. Alles passiert mit gegenseitigem Einverständnis auf Augenhöhe. Individuelle Grenzen müssen vorher abgesprochen und streng beachtet werden. Safe- oder Stopp-Worte müssen verbindlich und klar definiert sein. Keiner darf bei diesen Spielen seelischen oder körperlichen Schaden erleiden.

15.1 Schmerzen beim Sex

❏ 1 ist mir sehr wichtig	❏ 2 mag ich	❏ 3 ist mir egal	❏ 4 mag ich nicht	❏ 5 geht gar nicht
Bemerkung: bei mir/beim Partner				

15.2 Beißen

❏ 1 ist mir sehr wichtig	❏ 2 mag ich	❏ 3 ist mir egal	❏ 4 mag ich nicht	❏ 5 geht gar nicht
Bemerkung: aktiv/passiv?				

15.3 Kneifen

❏ 1 ist mir sehr wichtig	❏ 2 mag ich	❏ 3 ist mir egal	❏ 4 mag ich nicht	❏ 5 geht gar nicht
Bemerkung: aktiv/passiv?				

15.4 Kratzen

❏ 1 ist mir sehr wichtig	❏ 2 mag ich	❏ 3 ist mir egal	❏ 4 mag ich nicht	❏ 5 geht gar nicht
Bemerkung: aktiv/passiv?				

15.5 Knutschflecken

☐ 1 ist mir sehr wichtig	☐ 2 mag ich	☐ 3 ist mir egal	☐ 4 mag ich nicht	☐ 5 geht gar nicht
Bemerkung: aktiv/passiv?				

15.6 Schmerzen durch Klammern, Haarspangen etc.

☐ 1 ist mir sehr wichtig	☐ 2 mag ich	☐ 3 ist mir egal	☐ 4 mag ich nicht	☐ 5 geht gar nicht
Bemerkung: aktiv/passiv?				

15.7 Schmerzen durch heißes Wachs

☐ 1 ist mir sehr wichtig	☐ 2 mag ich	☐ 3 ist mir egal	☐ 4 mag ich nicht	☐ 5 geht gar nicht
Bemerkung: aktiv/passiv?				

15.8 Auspeitschen

☐ 1 ist mir sehr wichtig	☐ 2 mag ich	☐ 3 ist mir egal	☐ 4 mag ich nicht	☐ 5 geht gar nicht
Bemerkung: aktiv/passiv?				

15.9 Sich anspucken beimSex

☐ 1 ist mir sehr wichtig	☐ 2 mag ich	☐ 3 ist mir egal	☐ 4 mag ich nicht	☐ 5 geht gar nicht
Bemerkung: aktiv/passiv?				

15.10 Sich beschimpfen beim Sex

☐ 1 ist mir sehr wichtig	☐ 2 mag ich	☐ 3 ist mir egal	☐ 4 mag ich nicht	☐ 5 geht gar nicht
Bemerkung: aktiv/passiv?				

15.11 Kombination von Schmerz und sexuellen Gefühlen

☐ 1 ist mir sehr wichtig	☐ 2 mag ich	☐ 3 ist mir egal	☐ 4 mag ich nicht	☐ 5 geht gar nicht
Bemerkung				

15.12 Die unterwürfige Rolle

❏ 1	❏ 2	❏ 3	❏ 4	❏ 5
ist mir sehr wichtig	mag ich	ist mir egal	mag ich nicht	geht gar nicht

Bemerkung: Gegensatz-Frage!

15.13 Beim Sex dominiert werden

❏ 1	❏ 2	❏ 3	❏ 4	❏ 5
ist mir sehr wichtig	mag ich	ist mir egal	mag ich nicht	geht gar nicht

Bemerkung: Gegensatz-Frage!

15.14 Beim Sex gehorchen

❏ 1	❏ 2	❏ 3	❏ 4	❏ 5
ist mir sehr wichtig	mag ich	ist mir egal	mag ich nicht	geht gar nicht

Bemerkung: Gegensatz-Frage!

15.15 Meinen Partner beim Sex gerne „quälen"

❏ 1	❏ 2	❏ 3	❏ 4	❏ 5
ist mir sehr wichtig	mag ich	ist mir egal	mag ich nicht	geht gar nicht

Bemerkung: Gegensatz-Frage!

15.16 Beim Sex gerne dominieren, über meinen Partner bestimmen

❏ 1	❏ 2	❏ 3	❏ 4	❏ 5
ist mir sehr wichtig	mag ich	ist mir egal	mag ich nicht	geht gar nicht

Bemerkung: Gegensatz-Frage!

15.17 Schmerz beim Sex steigert die Erregung und verzögert den Orgasmus. Diese Aussage…

❏ 1	❏ 2	❏ 3	❏ 4	❏ 5
ist mir sehr wichtig	mag ich	ist mir egal	mag ich nicht	geht gar nicht

Bemerkung

15.18 Fesseln beim Sex

❏ 1	❏ 2	❏ 3	❏ 4	❏ 5
ist mir sehr wichtig	mag ich	ist mir egal	mag ich nicht	geht gar nicht

Bemerkung: aktiv/passiv?

15.19 Handschellen beim Sex

☐ 1 ist mir sehr wichtig	☐ 2 mag ich	☐ 3 ist mir egal	☐ 4 mag ich nicht	☐ 5 geht gar nicht
Bemerkung: aktiv/passiv?				

15.20 Seile beim Sex/Bondage

☐ 1 ist mir sehr wichtig	☐ 2 mag ich	☐ 3 ist mir egal	☐ 4 mag ich nicht	☐ 5 geht gar nicht
Bemerkung: aktiv/passiv?				

15.21 Knebeln beim Sex

☐ 1 ist mir sehr wichtig	☐ 2 mag ich	☐ 3 ist mir egal	☐ 4 mag ich nicht	☐ 5 geht gar nicht
Bemerkung: aktiv/passiv?				

15.22 Halsband und Leine beim Sex

☐ 1 ist mir sehr wichtig	☐ 2 mag ich	☐ 3 ist mir egal	☐ 4 mag ich nicht	☐ 5 geht gar nicht
Bemerkung: aktiv/passiv?				

15.23 Am Hals gewürgt werden beim Sex

☐ 1 ist mir sehr wichtig	☐ 2 mag ich	☐ 3 ist mir egal	☐ 4 mag ich nicht	☐ 5 geht gar nicht
Bemerkung: aktiv/passiv?				

15.24 Zusätzliche Frage. _____

_____

Diese Aussage …

☐ 1 ist mir sehr wichtig	☐ 2 mag ich	☐ 3 ist mir egal	☐ 4 mag ich nicht	☐ 5 geht gar nicht
Bemerkung				

15.25 Zusätzliche Frage. _____

_____

Diese Aussage ...

❏ 1 ist mir sehr wichtig	❏ 2 mag ich	❏ 3 ist mir egal	❏ 4 mag ich nicht	❏ 5 geht gar nicht
Bemerkung				

15.26 Zusätzliche Frage. _____

_____

Diese Aussage ...

❏ 1 ist mir sehr wichtig	❏ 2 mag ich	❏ 3 ist mir egal	❏ 4 mag ich nicht	❏ 5 geht gar nicht
Bemerkung				

15.27 Zusätzliche Frage. _____

_____

Diese Aussage ...

❏ 1 ist mir sehr wichtig	❏ 2 mag ich	❏ 3 ist mir egal	❏ 4 mag ich nicht	❏ 5 geht gar nicht
Bemerkung				

_____

_____

_____

16 Sexuelle Hilfsmittel

Viele sexuelle Hilfsmittel und Spielzeuge haben wir schon in den Kapiteln Rollenspiele, Fetisch und sadomasochistische Aspekte besprochen. Dazu gehören natürlich bestimmte Kleidungen oder stattdessen Klarsichtfolie und andere Utensilien. Unabhängig davon gibt es eine Fülle von Sexspielzeugen, Dildos zum Umschnallen oder als Vibratoren und alle möglichen erotisierenden Gegenstände, die bei der Sexualität verwendet werden können (z. B. spezielle Bettwäsche, Massageöl, Gleitmittel, Augenbinden, Federn oder Bürsten zum Reiben, Lebensmittel wie Honig, Joghurt und Früchte, Schlagsahne aus der Sprühflasche, Getränke wie Champagner, Eiswürfel). Die Fragen beziehen sich darauf, ob ich so etwas mag, und wenn ja, welche Dinge davon für mich reizvoll sind. Viele Paare sind in ihrem sexuellen Rausch jedoch so weit weg, dass sie solche Gegenstände eher als störend empfinden.

16.1 Sexuelle Hilfmittel/Spielzeuge

❏ 1 ist mir sehr wichtig	❏ 2 mag ich	❏ 3 ist mir egal	❏ 4 mag ich nicht	❏ 5 geht gar nicht
Bemerkung				

16.2 Sex pur, ohne Hilfsmittel

❏ 1 ist mir sehr wichtig	❏ 2 mag ich	❏ 3 ist mir egal	❏ 4 mag ich nicht	❏ 5 geht gar nicht
Bemerkung				

16.3 Körper, Körperteile in Klarsichtfolie verpacken

❏ 1 ist mir sehr wichtig	❏ 2 mag ich	❏ 3 ist mir egal	❏ 4 mag ich nicht	❏ 5 geht gar nicht
Bemerkung: aktiv/passiv?				

16.4 Dildos und Vibratoren

❏ 1 ist mir sehr wichtig	❏ 2 mag ich	❏ 3 ist mir egal	❏ 4 mag ich nicht	❏ 5 geht gar nicht
Bemerkung: aktiv/passiv?				

16.5 Umschnalldildos

❏ 1 ist mir sehr wichtig	❏ 2 mag ich	❏ 3 ist mir egal	❏ 4 mag ich nicht	❏ 5 geht gar nicht
Bemerkung: aktiv/passiv?				

16.6 Liebeskugeln

☐ 1 ist mir sehr wichtig	☐ 2 mag ich	☐ 3 ist mir egal	☐ 4 mag ich nicht	☐ 5 geht gar nicht
Bemerkung				

16.7 Erotische Bettwäsche

☐ 1 ist mir sehr wichtig	☐ 2 mag ich	☐ 3 ist mir egal	☐ 4 mag ich nicht	☐ 5 geht gar nicht
Bemerkung				

16.8 Massageöl

☐ 1 ist mir sehr wichtig	☐ 2 mag ich	☐ 3 ist mir egal	☐ 4 mag ich nicht	☐ 5 geht gar nicht
Bemerkung				

16.9 Gleitmittel

☐ 1 ist mir sehr wichtig	☐ 2 mag ich	☐ 3 ist mir egal	☐ 4 mag ich nicht	☐ 5 geht gar nicht
Bemerkung				

16.10 Verbundene Augen

☐ 1 ist mir sehr wichtig	☐ 2 mag ich	☐ 3 ist mir egal	☐ 4 mag ich nicht	☐ 5 geht gar nicht
Bemerkung: aktiv/passiv?				

16.11 Federn zum Streicheln

☐ 1 ist mir sehr wichtig	☐ 2 mag ich	☐ 3 ist mir egal	☐ 4 mag ich nicht	☐ 5 geht gar nicht
Bemerkung: aktiv/passiv?				

16.12 Bürsten zum Reiben

☐ 1 ist mir sehr wichtig	☐ 2 mag ich	☐ 3 ist mir egal	☐ 4 mag ich nicht	☐ 5 geht gar nicht
Bemerkung: aktiv/passiv?				

16.13 Klammern zum Zwicken

☐ 1 ist mir sehr wichtig	☐ 2 mag ich	☐ 3 ist mir egal	☐ 4 mag ich nicht	☐ 5 geht gar nicht
Bemerkung: aktiv/passiv?				🚩

16.14 Honig, Nutella, Joghurt beim Sex

☐ 1 ist mir sehr wichtig	☐ 2 mag ich	☐ 3 ist mir egal	☐ 4 mag ich nicht	☐ 5 geht gar nicht
Bemerkung				🚩

16.15 Verschiedene Früchte beim Sex

☐ 1 ist mir sehr wichtig	☐ 2 mag ich	☐ 3 ist mir egal	☐ 4 mag ich nicht	☐ 5 geht gar nicht
Bemerkung				🚩

16.16 Schlagsahne aus der Sprühflasche beim Sex

☐ 1 ist mir sehr wichtig	☐ 2 mag ich	☐ 3 ist mir egal	☐ 4 mag ich nicht	☐ 5 geht gar nicht
Bemerkung				🚩

16.17 Getränke (z. B. Champagner) beim Sex

☐ 1 ist mir sehr wichtig	☐ 2 mag ich	☐ 3 ist mir egal	☐ 4 mag ich nicht	☐ 5 geht gar nicht
Bemerkung				🚩

16.18 Alkohol oder anderen Stimuli, um in eine erotische Stimmung zu kommen

☐ 1 ist mir sehr wichtig	☐ 2 mag ich	☐ 3 ist mir egal	☐ 4 mag ich nicht	☐ 5 geht gar nicht
Bemerkung				🚩

16.19 Eiswürfel

☐ 1 ist mir sehr wichtig	☐ 2 mag ich	☐ 3 ist mir egal	☐ 4 mag ich nicht	☐ 5 geht gar nicht
Bemerkung				🚩

16.20 Zusätzliche Frage. _____

_____

Diese Aussage …

❏ 1 ist mir sehr wichtig	❏ 2 mag ich	❏ 3 ist mir egal	❏ 4 mag ich nicht	❏ 5 geht gar nicht
Bemerkung				

16.21 Zusätzliche Frage. _____

_____

Diese Aussage …

❏ 1 ist mir sehr wichtig	❏ 2 mag ich	❏ 3 ist mir egal	❏ 4 mag ich nicht	❏ 5 geht gar nicht
Bemerkung				

16.22 Zusätzliche Frage. _____

_____

Diese Aussage …

❏ 1 ist mir sehr wichtig	❏ 2 mag ich	❏ 3 ist mir egal	❏ 4 mag ich nicht	❏ 5 geht gar nicht
Bemerkung				

16.23 Zusätzliche Frage. _____

_____

Diese Aussage …

❏ 1 ist mir sehr wichtig	❏ 2 mag ich	❏ 3 ist mir egal	❏ 4 mag ich nicht	❏ 5 geht gar nicht
Bemerkung				

17 Autoerotik in und außerhalb der Beziehung

Es ist ja allgemein bekannt: Je besser mein Verhältnis zum eigenen Körper, desto besser das Selbstbewusstsein beim partnerschaftlichen Sex. Ich mag mich gerne zeigen, stelle meine erotischen Reize durch bestimmte Bewegungen und Lagen im Bett sexuell provozierend aus.

Meist gehen ja Autoerotik und Selbstbefriedigung im Leben der partnerschaftlichen Erotik voraus. In entsprechenden Umfragen zeigt sich, dass weit über 90 % der Männer und weit über 80 % aller Frauen Erfahrung mit Selbstbefriedigung haben. Oftmals ist die Masturbation über Jahre hinaus die prägende sexuelle Erfahrung. Mit dem ersten festen Partner ist auf einmal der Umgang mit der Selbstbefriedigung in Frage gestellt. Erst recht gilt dies, wenn durch das Zusammenleben der Partner die Intimsphäre schrumpft. Ich hatte einmal einen Klienten, der ganz verzweifelt in meine Beratung kam. Er hatte sich, bevor er mit seiner Freundin zusammenzog, täglich mindestens einmal selbst befriedigt. Nun wollte seine Freundin aber nicht so viel Sex, und er war sehr enttäuscht. Er dachte, mit dem Zusammenziehen sei er seine sexuellen Probleme in Sachen Bedürfnisbefriedigung losgeworden und würde nun ein sexuell befriedigendes Leben führen können. Tatsächlich fühlte er sich aber so unbefriedigt wie seit Jahren nicht mehr. Heimlich im Bett traute er „es" sich nicht, und hinter der abgeschlossenen Toilettentür hatte er ein schlechtes Gewissen und eigentlich auch keine Lust auf Selbstbefriedigung.

Mit einer festen Partnerschaft ist auch die Fixierung der sexuellen Wünsche und das Bedürfnis nach deren Befriedigung auf den Partner ausgerichtet. Oftmals kommt es dann im Verlauf der Beziehung zu Konflikten, weil Wunsch und Wirklichkeit nicht gut zusammenpassen. Wie geht man in der Partnerschaft damit um? Ist es in Ordnung, wenn der Partner sich außerhalb der gemeinsamen Sexualität selbst befriedigt? (Eine Klientin suchte mich auf, weil sie ihren Partner beim „Pornogucken" überrascht hatte und sich deshalb von ihm trennen wollte.)

Kann oder sollte die Selbstbefriedigung in Gegenwart des nicht beteiligten Partners stattfinden? Ist über „heimliche" Sexualität ein offener Austausch gewünscht oder möglich? Dies ist ein heißes, aber in der Realität sehr präsentes Thema. In einer Studie der Universität Bonn gaben 50 % der in einer Beziehung lebenden Männer an, sich mindestens einmal pro Woche selbst zu befriedigen. Das Ergebnis dieser Studie besagt, dass 70 % der jungen Ehemänner unter 35 Jahren sich mindestens zweimal im Monat selbst befriedigten. Die Selbstbefriedigung ist häufig mit der Betrachtung pornografischer Schriften verbunden. Bei übermäßigem Pornografiekonsum kann aber auch ein Sättigungsgefühl entstehen. Das erotische Stimulans lässt nach, und das Geheimnisvolle, „Verbotene" ist nicht mehr so reizvoll.

Ein anderes Thema ist die Selbstbefriedigung im gemeinsamen sexuellen Austausch. Erregt es mich, wenn ich meinem Partner dabei zuschaue? Mag ich es, wenn mein Partner mir dabei zuschaut? Möchte ich das getrennt oder gleichzeitig?

17.1 Sich selbst sexy finden

❏ 1 ist mir sehr wichtig	❏ 2 mag ich	❏ 3 ist mir egal	❏ 4 mag ich nicht	❏ 5 geht gar nicht
Bemerkung				

17.2 Masturbation in Abwesenheit meines Partners

❏ 1 ist mir sehr wichtig	❏ 2 mag ich	❏ 3 ist mir egal	❏ 4 mag ich nicht	❏ 5 geht gar nicht
Bemerkung				

17.3 Masturbation in Gegenwart meines Partners

❏ 1 ist mir sehr wichtig	❏ 2 mag ich	❏ 3 ist mir egal	❏ 4 mag ich nicht	❏ 5 geht gar nicht
Bemerkung				

17.4 Gleichzeitige Masturbation mit meinem Partner

❏ 1 ist mir sehr wichtig	❏ 2 mag ich	❏ 3 ist mir egal	❏ 4 mag ich nicht	❏ 5 geht gar nicht
Bemerkung				

17.5 Masturbation, wenn mein Partner keine Lust hat

❏ 1 ist mir sehr wichtig	❏ 2 mag ich	❏ 3 ist mir egal	❏ 4 mag ich nicht	❏ 5 geht gar nicht
Bemerkung				

17.6 Erotische Bilder oder Pornografie ohne den Partner anschauen

❏ 1 ist mir sehr wichtig	❏ 2 mag ich	❏ 3 ist mir egal	❏ 4 mag ich nicht	❏ 5 geht gar nicht
Bemerkung				

17.7 Zusätzliche Frage. _____

_____

Diese Aussage …

☐ 1 ist mir sehr wichtig	☐ 2 mag ich	☐ 3 ist mir egal	☐ 4 mag ich nicht	☐ 5 geht gar nicht
Bemerkung				

17.8 Zusätzliche Frage. _____

_____

Diese Aussage …

☐ 1 ist mir sehr wichtig	☐ 2 mag ich	☐ 3 ist mir egal	☐ 4 mag ich nicht	☐ 5 geht gar nicht
Bemerkung				

17.9 Zusätzliche Frage. _____

_____

Diese Aussage …

☐ 1 ist mir sehr wichtig	☐ 2 mag ich	☐ 3 ist mir egal	☐ 4 mag ich nicht	☐ 5 geht gar nicht
Bemerkung				

17.10 Zusätzliche Frage. _____

_____

Diese Aussage …

☐ 1 ist mir sehr wichtig	☐ 2 mag ich	☐ 3 ist mir egal	☐ 4 mag ich nicht	☐ 5 geht gar nicht
Bemerkung				

_____

_____

_____

_____

_____

18 Die Lust an der Lust des Partners

Erregt mich die Lust und die Erregung meines Partners besonders? Erregt mich sein Verlangen, seine Ekstase oder sein Orgasmus? Mag ich mich ganz in die Sexualität hineinsteigern? Strebe ich einen weitgehenden Kontrollverlust an?

18.1 Die sexuelle Erregung meines Partners

❏ 1 ist mir sehr wichtig	❏ 2 mag ich	❏ 3 ist mir egal	❏ 4 mag ich nicht	❏ 5 geht gar nicht
Bemerkung				

18.2 Die sexuelle Ekstase meines Partners

❏ 1 ist mir sehr wichtig	❏ 2 mag ich	❏ 3 ist mir egal	❏ 4 mag ich nicht	❏ 5 geht gar nicht
Bemerkung				

18.3 Der Orgasmus meines Partners

❏ 1 ist mir sehr wichtig	❏ 2 mag ich	❏ 3 ist mir egal	❏ 4 mag ich nicht	❏ 5 geht gar nicht
Bemerkung				

18.4 Sexuell alles mitmachen, was dem Partner gefällt

❏ 1 ist mir sehr wichtig	❏ 2 mag ich	❏ 3 ist mir egal	❏ 4 mag ich nicht	❏ 5 geht gar nicht
Bemerkung				

18.5 Bewusstes Hineinsteigern in einen sexuellen Rausch

❏ 1 ist mir sehr wichtig	❏ 2 mag ich	❏ 3 ist mir egal	❏ 4 mag ich nicht	❏ 5 geht gar nicht
Bemerkung: aktiv/passiv?				

18.6 Völliger Kontrollverlust im sexuellen Rausch

❏ 1 ist mir sehr wichtig	❏ 2 mag ich	❏ 3 ist mir egal	❏ 4 mag ich nicht	❏ 5 geht gar nicht
Bemerkung: aktiv/passiv?				

18.7 Filmriss und Bewusstseinsverlust im sexuellen Rausch

❏ 1 ist mir sehr wichtig	❏ 2 mag ich	❏ 3 ist mir egal	❏ 4 mag ich nicht	❏ 5 geht gar nicht
Bemerkung: aktiv/passiv?				

18.8 Zusätzliche Frage. _____

_____

Diese Aussage …

❏ 1 ist mir sehr wichtig	❏ 2 mag ich	❏ 3 ist mir egal	❏ 4 mag ich nicht	❏ 5 geht gar nicht
Bemerkung				

18.9 Zusätzliche Frage. _____

_____

Diese Aussage …

❏ 1 ist mir sehr wichtig	❏ 2 mag ich	❏ 3 ist mir egal	❏ 4 mag ich nicht	❏ 5 geht gar nicht
Bemerkung				

18.10 Zusätzliche Frage. _____

_____

Diese Aussage …

☐ 1 ist mir sehr wichtig	☐ 2 mag ich	☐ 3 ist mir egal	☐ 4 mag ich nicht	☐ 5 geht gar nicht
Bemerkung				

18.11 Zusätzliche Frage. _____

_____

Diese Aussage …

☐ 1 ist mir sehr wichtig	☐ 2 mag ich	☐ 3 ist mir egal	☐ 4 mag ich nicht	☐ 5 geht gar nicht
Bemerkung				

_____

_____

_____

_____

19 Verbalsex

Verbalsex kann nur klappen, wenn beide Partner sich auf einen gemeinsamen sprachlichen Sexualcode einigen können. Auch für den Telefonsex, der bei räumlicher Trennung eine gute Überbrückung sein kann, ist eine Abklärung der erotisierenden oder abschreckenden Worte notwendig. Was reizt mich mehr: Wenn der Partner die Erregung seines eigenen Körpers beschreibt oder die Dinge, die er mit mir anstellen würde?

Was kann ich mit Verbalsex anfangen? Gehen mir vulgäre Ausdrücke leicht über die Lippen? Habe ich Spaß am Dirty Talk? Habe ich Spaß an der Erregung meines Partners dabei? Kann telefonischer Verbalsex über verhindertes Zusammenkommen trösten? Mag ich Dirty Talk beim Sexualakt?

Mag ich sexuell verbales Anheizen, vulgäre Ausdrücke, sich zu beschimpfen (Schwein, Hure, Bock, Arschloch, geile Sau etc.) beim Sex? Welche Worte mag ich für die Beschreibung des Koitus (ficken, sich lieben, bumsen, vögeln)? Welche Ausdrücke mag ich für die Geschlechtsteile meines Partners (Brüste, Titten, Vagina, Möse, Muschi, Pflaume, Fotze, oder Penis und Schwanz etc.)?

Mag ich verbale Mantras (ich liebe dich, fick mich, besorg es mir, fick mich durch, nimm mich, oh mein Gott und ja, ja, ja etc.) beim Sex?

Schwierig sind auch Gespräche während des sexuellen Rausches über den weiteren Ablauf des Liebesaktes. Oftmals bringen sie den Partner aus der sexuellen Stimmung und wirken dann zu kopflastig. Wenn solche Gespräche stattfinden, sollten sie erotisch anregend und nicht zu nüchtern vorgebracht werden. Mag ich über den sexuellen Ablauf mit meinem Partner reden? Mag ich lieber spielerische Hinweise auf meine Wünsche oder die meines Partners?

19.1 Verbalsex im Alltag mit meinem Partner

❒ 1 ist mir sehr wichtig	❒ 2 mag ich	❒ 3 ist mir egal	❒ 4 mag ich nicht	❒ 5 geht gar nicht
Bemerkung: aktiv/passiv?				

19.2 Erotische Anspielungen am Telefon

❒ 1 ist mir sehr wichtig	❒ 2 mag ich	❒ 3 ist mir egal	❒ 4 mag ich nicht	❒ 5 geht gar nicht
Bemerkung: aktiv/passiv?				

19.3 Ins Ohr geflüsterte sexuelle Anspielungen, auch in Gesellschaft anderer

❒ 1 ist mir sehr wichtig	❒ 2 mag ich	❒ 3 ist mir egal	❒ 4 mag ich nicht	❒ 5 geht gar nicht
Bemerkung: aktiv/passiv?				

19.4 Vulgäre Inhalte und Worte/Dirty Talk

❒ 1 ist mir sehr wichtig	❒ 2 mag ich	❒ 3 ist mir egal	❒ 4 mag ich nicht	❒ 5 geht gar nicht
Bemerkung: aktiv/passiv?				

19.5 Vulgäre Ausdrücke beim Sex

❒ 1 ist mir sehr wichtig	❒ 2 mag ich	❒ 3 ist mir egal	❒ 4 mag ich nicht	❒ 5 geht gar nicht
Bemerkung: aktiv/passiv?				

19.6 Telefonsex bei räumlicher Trennung

❒ 1 ist mir sehr wichtig	❒ 2 mag ich	❒ 3 ist mir egal	❒ 4 mag ich nicht	❒ 5 geht gar nicht
Bemerkung: aktiv/passiv?				

19.7 Schilderungen der Fantasien, was mein Partner mit mir machen will

❏ 1 ist mir sehr wichtig	❏ 2 mag ich	❏ 3 ist mir egal	❏ 4 mag ich nicht	❏ 5 geht gar nicht
Bemerkung				

19.8 Schilderungen der Fantasien, was mein Partner selber gerne hätte

❏ 1 ist mir sehr wichtig	❏ 2 mag ich	❏ 3 ist mir egal	❏ 4 mag ich nicht	❏ 5 geht gar nicht
Bemerkung				

19.9 Lieblingsworte für Vagina (Möse, Muschi, Pflaume, Fotze, Dose, Brötchen) benutzen

❏ 1 ist mir sehr wichtig	❏ 2 mag ich	❏ 3 ist mir egal	❏ 4 mag ich nicht	❏ 5 geht gar nicht
Bemerkung: unterstreichen, andere?				

19.10 Lieblingsworte für Penis (Schwanz, Rute, Glied, Lanze) benutzen

❏ 1 ist mir sehr wichtig	❏ 2 mag ich	❏ 3 ist mir egal	❏ 4 mag ich nicht	❏ 5 geht gar nicht
Bemerkung: unterstreichen, andere?				

19.11 Lieblingsworte für Koitus (Ficken, Vögeln, Bumsen, Liebe machen, Bürsten, Rammeln) benutzen

❏ 1 ist mir sehr wichtig	❏ 2 mag ich	❏ 3 ist mir egal	❏ 4 mag ich nicht	❏ 5 geht gar nicht
Bemerkung: unterstreichen, andere?				

19.12 Verbale Mantras beim Sex (wiederholte Worte oder Sätze) benutzen

❏ 1 ist mir sehr wichtig	❏ 2 mag ich	❏ 3 ist mir egal	❏ 4 mag ich nicht	❏ 5 geht gar nicht
Bemerkung: aktiv/passiv? (z.B. „oh mein Gott", „fick mich", „ja,ja,ja...", „ich liebe dich"), unterstreichen, andere?				

19.13 Sexuelle Beschimpfungen (Schwein, Hure, Arschloch, Bock, geile Sau)

❏ 1 ist mir sehr wichtig	❏ 2 mag ich	❏ 3 ist mir egal	❏ 4 mag ich nicht	❏ 5 geht gar nicht
Bemerkung: aktiv/passiv? unterstreichen, andere?				

19.14 Stöhnen und schreien beim Sex

☐ 1 ist mir sehr wichtig	☐ 2 mag ich	☐ 3 ist mir egal	☐ 4 mag ich nicht	☐ 5 geht gar nicht
Bemerkung: aktiv/passiv?				

19.15 Grunzen, wimmern und andere Geräusche beim Sex

☐ 1 ist mir sehr wichtig	☐ 2 mag ich	☐ 3 ist mir egal	☐ 4 mag ich nicht	☐ 5 geht gar nicht
Bemerkung: aktiv/passiv?				

19.16 Möglichst laut sein beim Sex

☐ 1 ist mir sehr wichtig	☐ 2 mag ich	☐ 3 ist mir egal	☐ 4 mag ich nicht	☐ 5 geht gar nicht
Bemerkung				

19.17 Wohnungs- oder Zimmernachbarn hören unsere sexuellen Geräusche

☐ 1 ist mir sehr wichtig	☐ 2 mag ich	☐ 3 ist mir egal	☐ 4 mag ich nicht	☐ 5 geht gar nicht
Bemerkung				

19.18 Von Nachbarn sexuelle Geräusche hören

☐ 1 ist mir sehr wichtig	☐ 2 mag ich	☐ 3 ist mir egal	☐ 4 mag ich nicht	☐ 5 geht gar nicht
Bemerkung				

19.19 Planung und Gespräche vor dem Sex über den Ablauf des Sexualaktes

☐ 1 ist mir sehr wichtig	☐ 2 mag ich	☐ 3 ist mir egal	☐ 4 mag ich nicht	☐ 5 geht gar nicht
Bemerkung				

19.20 Planung oder Gespräche während des Sex über den weiteren Ablauf

☐ 1 ist mir sehr wichtig	☐ 2 mag ich	☐ 3 ist mir egal	☐ 4 mag ich nicht	☐ 5 geht gar nicht
Bemerkung				

19.21 Dem Partner beim Sex sagen, was er machen soll

☐ 1 ist mir sehr wichtig	☐ 2 mag ich	☐ 3 ist mir egal	☐ 4 mag ich nicht	☐ 5 geht gar nicht
Bemerkung: aktiv/passiv?				

19.22 Humor beim Sex und über Missgeschicke lachen

☐ 1 ist mir sehr wichtig	☐ 2 mag ich	☐ 3 ist mir egal	☐ 4 mag ich nicht	☐ 5 geht gar nicht
Bemerkung				

19.23 Den Partner durch nonverbale Zeichen, manuelles Führen oder Stöhnen leiten

☐ 1 ist mir sehr wichtig	☐ 2 mag ich	☐ 3 ist mir egal	☐ 4 mag ich nicht	☐ 5 geht gar nicht
Bemerkung: aktiv/passiv?				

19.24 Gespräche nach dem Sex über das gerade Erlebte

☐ 1 ist mir sehr wichtig	☐ 2 mag ich	☐ 3 ist mir egal	☐ 4 mag ich nicht	☐ 5 geht gar nicht
Bemerkung				

19.25 Zusätzliche Frage. _____

_____

Diese Aussage …

☐ 1 ist mir sehr wichtig	☐ 2 mag ich	☐ 3 ist mir egal	☐ 4 mag ich nicht	☐ 5 geht gar nicht
Bemerkung				

19.26 Zusätzliche Frage. _____

_____

Diese Aussage …

☐ 1 ist mir sehr wichtig	☐ 2 mag ich	☐ 3 ist mir egal	☐ 4 mag ich nicht	☐ 5 geht gar nicht
Bemerkung				

19.27 Zusätzliche Frage. _____

_____

Diese Aussage …

☐ 1 ist mir sehr wichtig	☐ 2 mag ich	☐ 3 ist mir egal	☐ 4 mag ich nicht	☐ 5 geht gar nicht
Bemerkung				

19.28 Zusätzliche Frage. _____

_____

Diese Aussage …

☐ 1 ist mir sehr wichtig	☐ 2 mag ich	☐ 3 ist mir egal	☐ 4 mag ich nicht	☐ 5 geht gar nicht
Bemerkung				

_____

_____

_____

20 Fantasien beim Sex und sexuelle Gedanken

Was spielt sich beim Sex in meinem Kopf ab? Denke ich, oder ist im Kopf ausschließlich der sexuelle Rausch? Bin ich ausschließlich auf meine Gefühle konzentriert? Erlebe ich einen sexuellen Flow, ein völliges Vertiefen und Aufgehen in der Vereinigung, das „sexuelle Glück"? Manche Menschen sind überhaupt nicht in der Lage, beim Sex an irgendetwas zu denken, sie konzentrieren sich nur auf ihre Erregung und ihre sexuellen Gefühle.

Und wenn mir Gedanken durch den Kopf gehen, beziehen sich diese auf den weiteren sexuellen Ablauf? Wie kann ich es meinem Partner noch schöner machen? Was möchte ich jetzt selber gerne erleben?

Viele Menschen haben beim Sex auch Fantasien, die sich auf begehrenswerte Traumpartner oder besonders erregende erotische Konstellationen beziehen. Das muss nicht negativ für die Beziehung sein. Wenn dadurch der Sex auf einer höheren Erregungsstufe abläuft, können davon beide Partner profitieren. Stelle ich mir beim Sex andere Partner vor? Stelle ich mir andere sexuelle Situationen vor? Wichtig ist natürlich die Unterscheidung: Sexuelle Fantasien bedeuten nicht gleich sexuelle Wünsche. Fantasien steigern die Erotik, unerfüllte Wünsche können frustrieren.

Und eine ganz heikle Variante: Bin ich beim Sex mit meinen Gedanken ganz woanders (Sorgen, Alltagsstress oder andere überlegenswerte Dinge)?

20.1 Beim Sex an ganz andere Dinge denken

❏ 1 ist mir sehr wichtig	❏ 2 mag ich	❏ 3 ist mir egal	❏ 4 mag ich nicht	❏ 5 geht gar nicht
Bemerkung				⚑

20.2 Beim Sex bewusst an ganz andere Dinge denken, um die sexuelle Erregung zu dämpfen

❏ 1 ist mir sehr wichtig	❏ 2 mag ich	❏ 3 ist mir egal	❏ 4 mag ich nicht	❏ 5 geht gar nicht
Bemerkung				⚑

20.3 Beim Sex an Sex denken

❏ 1 ist mir sehr wichtig	❏ 2 mag ich	❏ 3 ist mir egal	❏ 4 mag ich nicht	❏ 5 geht gar nicht
Bemerkung				⚑

20.4 Beim Sex an sexuelle Fanatsien mit dem Partner denken

❏ 1 ist mir sehr wichtig	❏ 2 mag ich	❏ 3 ist mir egal	❏ 4 mag ich nicht	❏ 5 geht gar nicht
Bemerkung				⚑

20.5 Beim Sex an sexuelle Fantasien mit anderen Traumpartnern denken (Filmstars etc.)

❏ 1 ist mir sehr wichtig	❏ 2 mag ich	❏ 3 ist mir egal	❏ 4 mag ich nicht	❏ 5 geht gar nicht
Bemerkung				

20.6 Sich beim Sex auf die eigenen sexuellen Gefühle konzentrieren

❏ 1 ist mir sehr wichtig	❏ 2 mag ich	❏ 3 ist mir egal	❏ 4 mag ich nicht	❏ 5 geht gar nicht
Bemerkung				

20.7 Sich beim Sex auf die sexuellen Gefühle des Partners konzentrieren

❏ 1 ist mir sehr wichtig	❏ 2 mag ich	❏ 3 ist mir egal	❏ 4 mag ich nicht	❏ 5 geht gar nicht
Bemerkung				

20.8 Sich beim Sex auf die Liebe zu meinem Partner konzentrieren

❏ 1 ist mir sehr wichtig	❏ 2 mag ich	❏ 3 ist mir egal	❏ 4 mag ich nicht	❏ 5 geht gar nicht
Bemerkung				

20.9 Beim Sex in einen gedankenlosen Rausch/Flow geraten

❏ 1 ist mir sehr wichtig	❏ 2 mag ich	❏ 3 ist mir egal	❏ 4 mag ich nicht	❏ 5 geht gar nicht
Bemerkung				

20.10 Beim Sex an nichts denken

❏ 1 ist mir sehr wichtig	❏ 2 mag ich	❏ 3 ist mir egal	❏ 4 mag ich nicht	❏ 5 geht gar nicht
Bemerkung				

20.11 Zusätzliche Frage._____

_____

Diese Aussage …

☐ 1 ist mir sehr wichtig	☐ 2 mag ich	☐ 3 ist mir egal	☐ 4 mag ich nicht	☐ 5 geht gar nicht
Bemerkung				

20.12 Zusätzliche Frage. _____

_____

Diese Aussage …

☐ 1 ist mir sehr wichtig	☐ 2 mag ich	☐ 3 ist mir egal	☐ 4 mag ich nicht	☐ 5 geht gar nicht
Bemerkung				

20.13 Zusätzliche Frage. _____

_____

Diese Aussage …

☐ 1 ist mir sehr wichtig	☐ 2 mag ich	☐ 3 ist mir egal	☐ 4 mag ich nicht	☐ 5 geht gar nicht
Bemerkung				

20.14 Zusätzliche Frage. _____

_____

Diese Aussage …

☐ 1 ist mir sehr wichtig	☐ 2 mag ich	☐ 3 ist mir egal	☐ 4 mag ich nicht	☐ 5 geht gar nicht
Bemerkung				

_____

_____

21 Sexuelles Neugierverhalten

Wenn ein Paar einen eingespielten sexuellen Ablauf hat, der beide befriedigt, dann können sie auch mit den stets gleichen Ritualen zufrieden sein. Viele Menschen suchen in der Sexualität aber häufig neue Erfahrungen. Bin ich mit einem befriedigenden, in der Regel ähnlichen Sexualitätsablauf glücklich? Möchte ich anderes ausprobieren? Mag ich Anregung durch Literatur oder Filme? Bin ich bereit, mich auf Experimente einzulassen?

21.1 Beim Sex die bewährten befriedigenden Abläufe jedes Mal weitgehend beibehalten

❐ 1 ist mir sehr wichtig	❐ 2 mag ich	❐ 3 ist mir egal	❐ 4 mag ich nicht	❐ 5 geht gar nicht
Bemerkung				🏳

21.2 Beim Sex häufig veränderte Abläufe ausprobieren, experimentieren

❐ 1 ist mir sehr wichtig	❐ 2 mag ich	❐ 3 ist mir egal	❐ 4 mag ich nicht	❐ 5 geht gar nicht
Bemerkung				🏳

21.3 Den Partner mit neuen sexuellen Wünschen überraschen

❐ 1 ist mir sehr wichtig	❐ 2 mag ich	❐ 3 ist mir egal	❐ 4 mag ich nicht	❐ 5 geht gar nicht
Bemerkung: aktiv/passiv?				🏳

21.4 Sich durch Literatur und Filme zu neuen sexuellen Handlungen inspirieren lassen

❐ 1 ist mir sehr wichtig	❐ 2 mag ich	❐ 3 ist mir egal	❐ 4 mag ich nicht	❐ 5 geht gar nicht
Bemerkung				🏳

21.5 Zusätzliche Frage. _____

Diese Aussage …

☐ 1 ist mir sehr wichtig	☐ 2 mag ich	☐ 3 ist mir egal	☐ 4 mag ich nicht	☐ 5 geht gar nicht
Bemerkung				

21.6 Zusätzliche Frage. _____

_____

Diese Aussage ...

☐ 1 ist mir sehr wichtig	☐ 2 mag ich	☐ 3 ist mir egal	☐ 4 mag ich nicht	☐ 5 geht gar nicht
Bemerkung				

21.7 Zusätzliche Frage. _____

_____

Diese Aussage ...

☐ 1 ist mir sehr wichtig	☐ 2 mag ich	☐ 3 ist mir egal	☐ 4 mag ich nicht	☐ 5 geht gar nicht
Bemerkung				

21.8 Zusätzliche Frage. _____

_____

Diese Aussage ...

☐ 1 ist mir sehr wichtig	☐ 2 mag ich	☐ 3 ist mir egal	☐ 4 mag ich nicht	☐ 5 geht gar nicht
Bemerkung				

_____

22 Sexuelle Räumlichkeiten – Ambiente

Gibt es eine besondere Vorliebe für Räumlichkeiten? Finde ich Sex im Bett langweilig? Habe ich spezielle räumliche Vorlieben (Badewanne, Dusche)? Brauche ich helles, rotes oder abgedunkeltes Licht? Mag ich Sex lieber bei Kerzenlicht? Brauche ich (bestimmte) Musik? Mag ich Sex in der Öffentlichkeit, im Freien, am Meer, im Fahrstuhl, im Auto – vielleicht bewusst mit der Gefahr, entdeckt zu werden?

22.1 Sex im Bett

❏ 1 ist mir sehr wichtig	❏ 2 mag ich	❏ 3 ist mir egal	❏ 4 mag ich nicht	❏ 5 geht gar nicht
Bemerkung				

22.2 Sex an verschiedenen Orten

❏ 1 ist mir sehr wichtig	❏ 2 mag ich	❏ 3 ist mir egal	❏ 4 mag ich nicht	❏ 5 geht gar nicht
Bemerkung				

22.3 Sex im Freien

❏ 1 ist mir sehr wichtig	❏ 2 mag ich	❏ 3 ist mir egal	❏ 4 mag ich nicht	❏ 5 geht gar nicht
Bemerkung				

22.4 Sex im Auto

❏ 1 ist mir sehr wichtig	❏ 2 mag ich	❏ 3 ist mir egal	❏ 4 mag ich nicht	❏ 5 geht gar nicht
Bemerkung				

22.5 Sex im Fahrstuhl

❏ 1 ist mir sehr wichtig	❏ 2 mag ich	❏ 3 ist mir egal	❏ 4 mag ich nicht	❏ 5 geht gar nicht
Bemerkung				

22.6 Sex mit der Gefahr, entdeckt zu werden

☐ 1 ist mir sehr wichtig	☐ 2 mag ich	☐ 3 ist mir egal	☐ 4 mag ich nicht	☐ 5 geht gar nicht
Bemerkung				

22.7 Sex in der Badewanne oder unter der Dusche

☐ 1 ist mir sehr wichtig	☐ 2 mag ich	☐ 3 ist mir egal	☐ 4 mag ich nicht	☐ 5 geht gar nicht
Bemerkung				

22.8 Sex im Dunkeln

☐ 1 ist mir sehr wichtig	☐ 2 mag ich	☐ 3 ist mir egal	☐ 4 mag ich nicht	☐ 5 geht gar nicht
Bemerkung				

22.9 Sex bei gedämpftem Licht

☐ 1 ist mir sehr wichtig	☐ 2 mag ich	☐ 3 ist mir egal	☐ 4 mag ich nicht	☐ 5 geht gar nicht
Bemerkung				

22.10 Sex bei Kerzenschein

☐ 1 ist mir sehr wichtig	☐ 2 mag ich	☐ 3 ist mir egal	☐ 4 mag ich nicht	☐ 5 geht gar nicht
Bemerkung				

22.11 Sex im Hellen

☐ 1 ist mir sehr wichtig	☐ 2 mag ich	☐ 3 ist mir egal	☐ 4 mag ich nicht	☐ 5 geht gar nicht
Bemerkung				

22.12 Sex bei Musik

☐ 1 ist mir sehr wichtig	☐ 2 mag ich	☐ 3 ist mir egal	☐ 4 mag ich nicht	☐ 5 geht gar nicht
Bemerkung: Lieblinsmusik beim Sex?				

22.13 Zusätzliche Frage. _____

_____

Diese Aussage …

❒ 1 ist mir sehr wichtig	❒ 2 mag ich	❒ 3 ist mir egal	❒ 4 mag ich nicht	❒ 5 geht gar nicht
Bemerkung				

22.14 Zusätzliche Frage. _____

_____

Diese Aussage …

❒ 1 ist mir sehr wichtig	❒ 2 mag ich	❒ 3 ist mir egal	❒ 4 mag ich nicht	❒ 5 geht gar nicht
Bemerkung				

22.15 Zusätzliche Frage. _____

_____

Diese Aussage …

❒ 1 ist mir sehr wichtig	❒ 2 mag ich	❒ 3 ist mir egal	❒ 4 mag ich nicht	❒ 5 geht gar nicht
Bemerkung				

22.16 Zusätzliche Frage. _____

_____

Diese Aussage …

❒ 1 ist mir sehr wichtig	❒ 2 mag ich	❒ 3 ist mir egal	❒ 4 mag ich nicht	❒ 5 geht gar nicht
Bemerkung				

23 Passgenaue Äußerlichkeiten

Wie sieht mein idealer sexueller Wunschtyp aus? Wahrscheinlich werden die Äußerlichkeiten innerhalb der Sexualität überschätzt. Der passende Sex wird sicher nur zu einem kleineren Teil vom äußeren Erscheinungsbild unseres Partners bestimmt. Jeder hat aus der Kindheit (Vater, Mutter) oder aus der Jugend (Popstar, Traummädchen oder -junge in der Klasse, ältere Geschwister) bestimmte Vorstellungen im Kopf gespeichert.

Idealbilder aus dem öffentlichen Leben, aus Filmen, aus dem Fernsehen etc. bestimmen dann oft das Traumbild oder den Idealpartner. Schließlich wird man ja auch häufig gefragt, was man lieber mag: blond oder dunkel, groß oder klein, zart oder stark etc. Viele Menschen legen sich fest und merken später erst durch konkrete Erfahrung, dass andere Qualitäten viel wichtiger für die sexuelle Erfüllung sind. Viele dieser Idealvorstellungen unterliegen natürlich auch Modetrends, die zum Beispiel zwischen Twiggy (Magermodel) und Rubenskörper schwanken können.

Welche Haarfarbe, welchen Körperbau mag ich (groß, klein, kräftig, schlank, füllig oder zart)? Großer Hintern, schmales Becken, kräftige Muskeln, große Titten, kleine Brüste, kleine oder große Brustwarzen, helle oder dunkle Brustwarzen, feste Haut, weiche Haut, helle Haut, dunkle Haut, Körperbehaarung, rasiert (Intimbereich, Beine, Brust), Tattoos, Piercings, Haarbeschaffenheit und -länge, Augenfarbe, Stimme, Körpergeruch, Parfümierung – was ist mir wichtig?

Die Frage ist natürlich auch: Was ist mir persönlich wichtig? Und was glaube ich, ist für Dritte wichtig? Da kann es schon Unterschiede geben. Vielleicht macht mich eigentlich ein übergewichtiger Partner sexuell mehr an. Der Mann als kräftiger, übergewichtiger Kuschelbär oder die Frau als üppige Walküre mit weiblichen Rundungen haben auf viele Menschen eine starke erotische Ausstrahlung. Aber was sagen meine Freunde, wenn ich mich mit diesem Partner zeige? Wenn es uns hier um sexuelle Passgenauigkeit geht, müssen wir den Unterschied zwischen erotischer Vorliebe und den sozialen Gruppenerwartungen unseres Umfelds deutlich trennen.

23.1 Sexueller Genuss ist sehr von Äußerlichkeiten meines Partners abhängig. Diese Aussage …

❏ 1 ist mir sehr wichtig	❏ 2 mag ich	❏ 3 ist mir egal	❏ 4 mag ich nicht	❏ 5 geht gar nicht
Bemerkung				🏳

23.2 Ziemlich genaue Vorstellungen vom Äußeren des Partners haben

☐ 1 ist mir sehr wichtig	☐ 2 mag ich	☐ 3 ist mir egal	☐ 4 mag ich nicht	☐ 5 geht gar nicht
Bemerkung				

23.3 Der Partner soll wesentlich älter sein als ich

☐ 1 ist mir sehr wichtig	☐ 2 mag ich	☐ 3 ist mir egal	☐ 4 mag ich nicht	☐ 5 geht gar nicht
Bemerkung: Gegensatz-Frage!				

23.4 Der Partner soll wesentlich jünger sein als ich

☐ 1 ist mir sehr wichtig	☐ 2 mag ich	☐ 3 ist mir egal	☐ 4 mag ich nicht	☐ 5 geht gar nicht
Bemerkung: Gegensatz-Frage!				

23.5 Großer Partner

☐ 1 ist mir sehr wichtig	☐ 2 mag ich	☐ 3 ist mir egal	☐ 4 mag ich nicht	☐ 5 geht gar nicht
Bemerkung				

23.6 Kleiner Partner

☐ 1 ist mir sehr wichtig	☐ 2 mag ich	☐ 3 ist mir egal	☐ 4 mag ich nicht	☐ 5 geht gar nicht
Bemerkung				

23.7 Schlanker Partner

☐ 1 ist mir sehr wichtig	☐ 2 mag ich	☐ 3 ist mir egal	☐ 4 mag ich nicht	☐ 5 geht gar nicht
Bemerkung				

23.8 Kräftiger Partner

☐ 1 ist mir sehr wichtig	☐ 2 mag ich	☐ 3 ist mir egal	☐ 4 mag ich nicht	☐ 5 geht gar nicht
Bemerkung				

23.9 Üppiger Partner

❏ 1	❏ 2	❏ 3	❏ 4	❏ 5
ist mir sehr wichtig	mag ich	ist mir egal	mag ich nicht	geht gar nicht
Bemerkung				

23.10 Ausgeprägte Hüften und Po

❏ 1	❏ 2	❏ 3	❏ 4	❏ 5
ist mir sehr wichtig	mag ich	ist mir egal	mag ich nicht	geht gar nicht
Bemerkung				

23.11 Großer Busen

❏ 1	❏ 2	❏ 3	❏ 4	❏ 5
ist mir sehr wichtig	mag ich	ist mir egal	mag ich nicht	geht gar nicht
Bemerkung				

23.12 Ausgeprägte Brustwarzen

❏ 1	❏ 2	❏ 3	❏ 4	❏ 5
ist mir sehr wichtig	mag ich	ist mir egal	mag ich nicht	geht gar nicht
Bemerkung				

23.13 Helle Haut

❏ 1	❏ 2	❏ 3	❏ 4	❏ 5
ist mir sehr wichtig	mag ich	ist mir egal	mag ich nicht	geht gar nicht
Bemerkung				

23.14 Dunkle Haut

❏ 1	❏ 2	❏ 3	❏ 4	❏ 5
ist mir sehr wichtig	mag ich	ist mir egal	mag ich nicht	geht gar nicht
Bemerkung				

23.15 Weiche Haut

❏ 1	❏ 2	❏ 3	❏ 4	❏ 5
ist mir sehr wichtig	mag ich	ist mir egal	mag ich nicht	geht gar nicht
Bemerkung				

23.16 Starke Körperbehaarung

❏ 1 ist mir sehr wichtig	❏ 2 mag ich	❏ 3 ist mir egal	❏ 4 mag ich nicht	❏ 5 geht gar nicht
Bemerkung: Bestimmte Region?				

23.17 Dichtes Kopfhaar

❏ 1 ist mir sehr wichtig	❏ 2 mag ich	❏ 3 ist mir egal	❏ 4 mag ich nicht	❏ 5 geht gar nicht
Bemerkung				

23.18 Haarfarbe als Auswahlkriterium

❏ 1 ist mir sehr wichtig	❏ 2 mag ich	❏ 3 ist mir egal	❏ 4 mag ich nicht	❏ 5 geht gar nicht
Bemerkung: hell, mittel, dunkel, grau oder rot?				

23.19 Lange Haare

❏ 1 ist mir sehr wichtig	❏ 2 mag ich	❏ 3 ist mir egal	❏ 4 mag ich nicht	❏ 5 geht gar nicht
Bemerkung				

23.20 Bart

❏ 1 ist mir sehr wichtig	❏ 2 mag ich	❏ 3 ist mir egal	❏ 4 mag ich nicht	❏ 5 geht gar nicht
Bemerkung				

23.21 Rasierter Intimbereich

❏ 1 ist mir sehr wichtig	❏ 2 mag ich	❏ 3 ist mir egal	❏ 4 mag ich nicht	❏ 5 geht gar nicht
Bemerkung				

23.22 Rasierte Beine

❏ 1 ist mir sehr wichtig	❏ 2 mag ich	❏ 3 ist mir egal	❏ 4 mag ich nicht	❏ 5 geht gar nicht
Bemerkung				

23.23 Intimschmuck

☐ 1 ist mir sehr wichtig	☐ 2 mag ich	☐ 3 ist mir egal	☐ 4 mag ich nicht	☐ 5 geht gar nicht
Bemerkung				

23.24 Piercings

☐ 1 ist mir sehr wichtig	☐ 2 mag ich	☐ 3 ist mir egal	☐ 4 mag ich nicht	☐ 5 geht gar nicht
Bemerkung				

23.25 Tattoos

☐ 1 ist mir sehr wichtig	☐ 2 mag ich	☐ 3 ist mir egal	☐ 4 mag ich nicht	☐ 5 geht gar nicht
Bemerkung				

23.26 Bestimmte Augenfarbe

☐ 1 ist mir sehr wichtig	☐ 2 mag ich	☐ 3 ist mir egal	☐ 4 mag ich nicht	☐ 5 geht gar nicht
Bemerkung: blau, braun, grün, grau?				

23.27 Allgemeine Attraktivität meines Partners in den Augen meiner Freunde

☐ 1 ist mir sehr wichtig	☐ 2 mag ich	☐ 3 ist mir egal	☐ 4 mag ich nicht	☐ 5 geht gar nicht
Bemerkung				

23.28 Geruch des Partners, den Partner gut riechen können

☐ 1 ist mir sehr wichtig	☐ 2 mag ich	☐ 3 ist mir egal	☐ 4 mag ich nicht	☐ 5 geht gar nicht
Bemerkung				

23.29 Benutzung von Parfüm

☐ 1 ist mir sehr wichtig	☐ 2 mag ich	☐ 3 ist mir egal	☐ 4 mag ich nicht	☐ 5 geht gar nicht
Bemerkung: aktiv/passiv?				

23.30 Zusätzliche Frage. _____

_____

Diese Aussage …

❏ 1 ist mir sehr wichtig	❏ 2 mag ich	❏ 3 ist mir egal	❏ 4 mag ich nicht	❏ 5 geht gar nicht
Bemerkung				

23.31 Zusätzliche Frage. _____

_____

Diese Aussage …

❏ 1 ist mir sehr wichtig	❏ 2 mag ich	❏ 3 ist mir egal	❏ 4 mag ich nicht	❏ 5 geht gar nicht
Bemerkung				

23.32 Zusätzliche Frage. _____

_____

Diese Aussage …

❏ 1 ist mir sehr wichtig	❏ 2 mag ich	❏ 3 ist mir egal	❏ 4 mag ich nicht	❏ 5 geht gar nicht
Bemerkung				

23.33 Zusätzliche Frage. _____

_____

Diese Aussage …

❏ 1 ist mir sehr wichtig	❏ 2 mag ich	❏ 3 ist mir egal	❏ 4 mag ich nicht	❏ 5 geht gar nicht
Bemerkung				

_____

_____

_____

_____

_____

24 Charaktertyp des sexuellen Partners

Unabhängig von der Liebe zu meinem Partner: Gibt es spezielle erotische Merkmale, die meine Fantasie beflügeln? Mag ich Supermänner, die machohaft daherkommen? Mag ich typische Sexbomben? Welche Bedeutung haben soziale Schicht, Hobbys, berufliche, private, politische Interessen, wirtschaftliche Verhältnisse, vorherige Liebe, freundliche Umgangsformen, oder stehe ich auf „Arschlöcher" (was immer das heißt)? (Eine Klientin erzählte mir mal, sie wisse auch nicht, warum sie in ihren Beziehungen immer scheitere, aber sie stehe halt nur auf Arschlöcher.)

24.1 Dominante Partner

❏ 1 ist mir sehr wichtig	❏ 2 mag ich	❏ 3 ist mir egal	❏ 4 mag ich nicht	❏ 5 geht gar nicht
Bemerkung				

24.2 Schüchterne, scheue Partner

❏ 1 ist mir sehr wichtig	❏ 2 mag ich	❏ 3 ist mir egal	❏ 4 mag ich nicht	❏ 5 geht gar nicht
Bemerkung				

24.3 Humorvolle, lustige Partner

❏ 1 ist mir sehr wichtig	❏ 2 mag ich	❏ 3 ist mir egal	❏ 4 mag ich nicht	❏ 5 geht gar nicht
Bemerkung				

24.4 Freundliche, höfliche Partner

❏ 1 ist mir sehr wichtig	❏ 2 mag ich	❏ 3 ist mir egal	❏ 4 mag ich nicht	❏ 5 geht gar nicht
Bemerkung				

24.5 Brutale Machotypen

☐ 1 ist mir sehr wichtig	☐ 2 mag ich	☐ 3 ist mir egal	☐ 4 mag ich nicht	☐ 5 geht gar nicht
Bemerkung				

24.6 „Superman"

☐ 1 ist mir sehr wichtig	☐ 2 mag ich	☐ 3 ist mir egal	☐ 4 mag ich nicht	☐ 5 geht gar nicht
Bemerkung				

24.7 Vamp, Typ Sexbombe

☐ 1 ist mir sehr wichtig	☐ 2 mag ich	☐ 3 ist mir egal	☐ 4 mag ich nicht	☐ 5 geht gar nicht
Bemerkung				

24.8 Soziale Schichtunterschiede

☐ 1 ist mir sehr wichtig	☐ 2 mag ich	☐ 3 ist mir egal	☐ 4 mag ich nicht	☐ 5 geht gar nicht
Bemerkung				

24.9 Wirtschaftliche, finanzielle Unterschiede

☐ 1 ist mir sehr wichtig	☐ 2 mag ich	☐ 3 ist mir egal	☐ 4 mag ich nicht	☐ 5 geht gar nicht
Bemerkung				

24.10 Gemeinsame Hobbys

☐ 1 ist mir sehr wichtig	☐ 2 mag ich	☐ 3 ist mir egal	☐ 4 mag ich nicht	☐ 5 geht gar nicht
Bemerkung				

24.11 Gemeinsame Interessen

☐ 1 ist mir sehr wichtig	☐ 2 mag ich	☐ 3 ist mir egal	☐ 4 mag ich nicht	☐ 5 geht gar nicht
Bemerkung				

24.12 Ähnliche politsche Einstellungen

□ 1 ist mir sehr wichtig	□ 2 mag ich	□ 3 ist mir egal	□ 4 mag ich nicht	□ 5 geht gar nicht
Bemerkung				

24.13 Ähnliche berufliche Tätigkeiten

□ 1 ist mir sehr wichtig	□ 2 mag ich	□ 3 ist mir egal	□ 4 mag ich nicht	□ 5 geht gar nicht
Bemerkung				

24.14 Unternehmungslustige Partner

□ 1 ist mir sehr wichtig	□ 2 mag ich	□ 3 ist mir egal	□ 4 mag ich nicht	□ 5 geht gar nicht
Bemerkung				

24.15 Zusätzliche Frage. _____

_____

Diese Aussage …

□ 1 ist mir sehr wichtig	□ 2 mag ich	□ 3 ist mir egal	□ 4 mag ich nicht	□ 5 geht gar nicht
Bemerkung				

24.16 Zusätzliche Frage. _____

_____

Diese Aussage …

□ 1 ist mir sehr wichtig	□ 2 mag ich	□ 3 ist mir egal	□ 4 mag ich nicht	□ 5 geht gar nicht
Bemerkung				

24.17 Zusätzliche Frage. _____

_____

Diese Aussage …

☐ 1 ist mir sehr wichtig	☐ 2 mag ich	☐ 3 ist mir egal	☐ 4 mag ich nicht	☐ 5 geht gar nicht
Bemerkung				🏳

24.18 Zusätzliche Frage. _____

_____

Diese Aussage …

☐ 1 ist mir sehr wichtig	☐ 2 mag ich	☐ 3 ist mir egal	☐ 4 mag ich nicht	☐ 5 geht gar nicht
Bemerkung				🏳

_____

_____

_____

25 Monogam – polygam – Seitensprünge – Treue

Was bedeutet sexuelle Treue für mich? Bin ich treu? Verlange ich von meinem Partner absolute Treue? Wie gehen wir mit Seitensprüngen um? Offenheit oder nach dem Prinzip: „Was ich nicht weiß, macht mich nicht heiß"? Treue, Fantasien oder reelle Wünsche von Gruppensex, Swingerclubs, bisexuellen Gespielen, sexuellen Außenbeziehungen, Fremdgehen, One-Night-Stands, Prostituiertenbesuchen (um nicht befriedigte Wünsche zu verwirklichen), all das können gefährliche Fallen in der Zweierbeziehung sein. Bei den Fragen nach der Treue muss zwischen dem Partner und der eigenen Person unterschieden werden.

Alles ist drin, alles ist möglich. Es muss nur zueinander passen, damit sich die Sexualität in der Beziehung nicht zum Sprengstoff, sondern zum Klebstoff entwickelt.

25.1 Sexuelle Treue

☐ 1 ist mir sehr wichtig	☐ 2 mag ich	☐ 3 ist mir egal	☐ 4 mag ich nicht	☐ 5 geht gar nicht
Bemerkung: Partner/selbst?				

25.2 Sexuelle Handlungen mit Orgasmus mit anderen Partnern

☐ 1 ist mir sehr wichtig	☐ 2 mag ich	☐ 3 ist mir egal	☐ 4 mag ich nicht	☐ 5 geht gar nicht
Bemerkung: Partner/selbst?				

25.3 Sexuelle Berührungen und Zärtlichkeiten mit anderen Partnern

☐ 1 ist mir sehr wichtig	☐ 2 mag ich	☐ 3 ist mir egal	☐ 4 mag ich nicht	☐ 5 geht gar nicht
Bemerkung: Partner/selbst?				

25.4 Küsse auf den Mund mit anderen Partnern

☐ 1 ist mir sehr wichtig	☐ 2 mag ich	☐ 3 ist mir egal	☐ 4 mag ich nicht	☐ 5 geht gar nicht
Bemerkung: Partner/selbst?				

25.5 Flirten mit anderen Partnern

☐ 1 ist mir sehr wichtig	☐ 2 mag ich	☐ 3 ist mir egal	☐ 4 mag ich nicht	☐ 5 geht gar nicht
Bemerkung: Partner/selbst?				

25.6 Mal ein Seitensprung

☐ 1 ist mir sehr wichtig	☐ 2 mag ich	☐ 3 ist mir egal	☐ 4 mag ich nicht	☐ 5 geht gar nicht
Bemerkung: Partner/selbst?				

25.7 Regelmäßig fremdgehen

☐ 1 ist mir sehr wichtig	☐ 2 mag ich	☐ 3 ist mir egal	☐ 4 mag ich nicht	☐ 5 geht gar nicht
Bemerkung: Partner/selbst?				

25.8 Zweitbeziehung unterhalten

❑ 1 ist mir sehr wichtig	❑ 2 mag ich	❑ 3 ist mir egal	❑ 4 mag ich nicht	❑ 5 geht gar nicht
Bemerkung: Partner/selbst?				

25.9 Untreue führt automatisch zur Trennung. Diese Aussage …

❑ 1 ist mir sehr wichtig	❑ 2 mag ich	❑ 3 ist mir egal	❑ 4 mag ich nicht	❑ 5 geht gar nicht
Bemerkung				

25.10 Offene Beziehung – alles ist erlaubt, muss aber besprochen werden

❑ 1 ist mir sehr wichtig	❑ 2 mag ich	❑ 3 ist mir egal	❑ 4 mag ich nicht	❑ 5 geht gar nicht
Bemerkung				

25.11 Was ich nicht weiß, macht mich nicht heiß

❑ 1 ist mir sehr wichtig	❑ 2 mag ich	❑ 3 ist mir egal	❑ 4 mag ich nicht	❑ 5 geht gar nicht
Bemerkung				

25.12 Sexuelle Fantasien auf andere Partner bezogen

❑ 1 ist mir sehr wichtig	❑ 2 mag ich	❑ 3 ist mir egal	❑ 4 mag ich nicht	❑ 5 geht gar nicht
Bemerkung: Partner/selbst?				

25.13 Gruppensex

❑ 1 ist mir sehr wichtig	❑ 2 mag ich	❑ 3 ist mir egal	❑ 4 mag ich nicht	❑ 5 geht gar nicht
Bemerkung				

25.14 Swingerclubs

❑ 1 ist mir sehr wichtig	❑ 2 mag ich	❑ 3 ist mir egal	❑ 4 mag ich nicht	❑ 5 geht gar nicht
Bemerkung				

25.15 Partnertausch mit befreundeten Paaren

☐ 1 ist mir sehr wichtig	☐ 2 mag ich	☐ 3 ist mir egal	☐ 4 mag ich nicht	☐ 5 geht gar nicht
Bemerkung				

25.16 „Flotter Dreier"

☐ 1 ist mir sehr wichtig	☐ 2 mag ich	☐ 3 ist mir egal	☐ 4 mag ich nicht	☐ 5 geht gar nicht
Bemerkung: männlich/weiblich?				

25.17 Dreier mit bisexuellem Gespielen

☐ 1 ist mir sehr wichtig	☐ 2 mag ich	☐ 3 ist mir egal	☐ 4 mag ich nicht	☐ 5 geht gar nicht
Bemerkung: männlich/weiblich?				

25.18 One-Night-Stands

☐ 1 ist mir sehr wichtig	☐ 2 mag ich	☐ 3 ist mir egal	☐ 4 mag ich nicht	☐ 5 geht gar nicht
Bemerkung: Partner/selbst?				

25.19 Prostituiertenbesuche

☐ 1 ist mir sehr wichtig	☐ 2 mag ich	☐ 3 ist mir egal	☐ 4 mag ich nicht	☐ 5 geht gar nicht
Bemerkung: Partner/selbst?				

25.20 Zusätzliche Frage. _____

_____

Diese Aussage …

☐ 1 ist mir sehr wichtig	☐ 2 mag ich	☐ 3 ist mir egal	☐ 4 mag ich nicht	☐ 5 geht gar nicht
Bemerkung				

25.21 Zusätzliche Frage. _____

_____

Diese Aussage …

□ 1 ist mir sehr wichtig	□ 2 mag ich	□ 3 ist mir egal	□ 4 mag ich nicht	□ 5 geht gar nicht
Bemerkung				

25.22 Zusätzliche Frage. _____

_____

Diese Aussage …

□ 1 ist mir sehr wichtig	□ 2 mag ich	□ 3 ist mir egal	□ 4 mag ich nicht	□ 5 geht gar nicht
Bemerkung				

25.23 Zusätzliche Frage. _____

_____

Diese Aussage …

□ 1 ist mir sehr wichtig	□ 2 mag ich	□ 3 ist mir egal	□ 4 mag ich nicht	□ 5 geht gar nicht
Bemerkung				

_____

_____

_____

26 Gespräche und Wünsche

Generell gilt: Was zwei Erwachsene freiwillig in der Sexualität miteinander anstellen, geht nur sie etwas an. Soweit beide ihre Handlungen positiv bewerten und keiner Schaden nimmt, gibt es keine Tabus.

Aber ganz wichtig ist es, dass sich die Partner untereinander absprechen. Kann ich mit dir über alle Themen offen reden? Gib es Tabuthemen, die ich lieber ausklammern will? Too much information? Zu viel Information und zu viel Klarheit kann es überhaupt nicht geben. Es kommt nur darauf an, wie man mit den Informationen umgeht. Man muss ja auch nicht alle Fragen des Fragenkatalogs beantworten. Man kann zum Beispiel gemeinsam beschließen, bestimmte Kategorien auszulassen.

26.1 Über alle Dinge offen reden

❒ 1 ist mir sehr wichtig	❒ 2 mag ich	❒ 3 ist mir egal	❒ 4 mag ich nicht	❒ 5 geht gar nicht
Bemerkung: Beispiele benennen				

26.2 Geheimnisse müssen sein

❒ 1 ist mir sehr wichtig	❒ 2 mag ich	❒ 3 ist mir egal	❒ 4 mag ich nicht	❒ 5 geht gar nicht
Bemerkung: Beispiele benennen				

26.3 Tabuthemen definieren

❒ 1 ist mir sehr wichtig	❒ 2 mag ich	❒ 3 ist mir egal	❒ 4 mag ich nicht	❒ 5 geht gar nicht
Bemerkung: Beispiele benennen				

26.4 „Too much information" vermeiden

❒ 1 ist mir sehr wichtig	❒ 2 mag ich	❒ 3 ist mir egal	❒ 4 mag ich nicht	❒ 5 geht gar nicht
Bemerkung: Beispiele benennen				

26.5 Klare Absprache, welche Dinge offen besprochen werden müssen

❒ 1 ist mir sehr wichtig	❒ 2 mag ich	❒ 3 ist mir egal	❒ 4 mag ich nicht	❒ 5 geht gar nicht
Bemerkung: Beispiele benennen				

26.6 Zusätzliche Frage. _____

_____

Diese Aussage …

❑ 1 ist mir sehr wichtig	❑ 2 mag ich	❑ 3 ist mir egal	❑ 4 mag ich nicht	❑ 5 geht gar nicht
Bemerkung				

26.7 Zusätzliche Frage. _____

_____

Diese Aussage …

❑ 1 ist mir sehr wichtig	❑ 2 mag ich	❑ 3 ist mir egal	❑ 4 mag ich nicht	❑ 5 geht gar nicht
Bemerkung				

26.8 Zusätzliche Frage. _____

_____

Diese Aussage …

❑ 1 ist mir sehr wichtig	❑ 2 mag ich	❑ 3 ist mir egal	❑ 4 mag ich nicht	❑ 5 geht gar nicht
Bemerkung				

26.9 Zusätzliche Frage. _____

_____

Diese Aussage …

❑ 1 ist mir sehr wichtig	❑ 2 mag ich	❑ 3 ist mir egal	❑ 4 mag ich nicht	❑ 5 geht gar nicht
Bemerkung				

_____

_____

_____

_____

27 Verhütung und sexuelle Lust

Wie greift die Schwangerschaftsverhütung in den sexuellen Ablauf ein? Was ist mit Spontansexualität und Verhütung? Wann setze ich mir das Pessar (Scheidendiaphragma) ein? Stört die Unterbrechung? Wie gehe ich mit Kondomen um? Stören sie beim Sex? Stört es mich, wenn ich sie überstreife? Kann das die Partnerin übernehmen? Ist der Koitus interruptus eine ausreichende Verhütungsmaßnahme? Lässt er uns eine befriedigende Sexualität erleben? Sind uns Spermizide sicher genug, stören sie? Ist die Verhütung durch die Bestimmung der fruchtbaren Tage (Basaltemperaturmessung) eine Möglichkeit für uns? Wie gehen wir mit den „verbotenen Tagen" um (Sexpause, andere Formen der Sexualität?)?

27.1 Vor dem Sex immer gemeinsame Klärung der Verhütung

❑ 1 ist mir sehr wichtig	❑ 2 mag ich	❑ 3 ist mir egal	❑ 4 mag ich nicht	❑ 5 geht gar nicht
Bemerkung				⚑

27.2 Kondom

❑ 1 ist mir sehr wichtig	❑ 2 mag ich	❑ 3 ist mir egal	❑ 4 mag ich nicht	❑ 5 geht gar nicht
Bemerkung				⚑

27.3 Spezialkondom (Extranoppen, Fruchtgeschmack)

❑ 1 ist mir sehr wichtig	❑ 2 mag ich	❑ 3 ist mir egal	❑ 4 mag ich nicht	❑ 5 geht gar nicht
Bemerkung				⚑

27.4 Das Kondom muss sich der Mann alleine überstreifen

❑ 1 ist mir sehr wichtig	❑ 2 mag ich	❑ 3 ist mir egal	❑ 4 mag ich nicht	❑ 5 geht gar nicht
Bemerkung				⚑

27.5 Das Kondom erst direkt vor dem Koitus überstreifen

❏ 1 ist mir sehr wichtig	❏ 2 mag ich	❏ 3 ist mir egal	❏ 4 mag ich nicht	❏ 5 geht gar nicht
Bemerkung				

27.6 Die Pille

❏ 1 ist mir sehr wichtig	❏ 2 mag ich	❏ 3 ist mir egal	❏ 4 mag ich nicht	❏ 5 geht gar nicht
Bemerkung				

27.7 Pille und Kondom bei neuen Kontakten

❏ 1 ist mir sehr wichtig	❏ 2 mag ich	❏ 3 ist mir egal	❏ 4 mag ich nicht	❏ 5 geht gar nicht
Bemerkung				

27.8 Pessar

❏ 1 ist mir sehr wichtig	❏ 2 mag ich	❏ 3 ist mir egal	❏ 4 mag ich nicht	❏ 5 geht gar nicht
Bemerkung				

27.9 Das Pessar erst direkt vor dem Koitus einführen

❏ 1 ist mir sehr wichtig	❏ 2 mag ich	❏ 3 ist mir egal	❏ 4 mag ich nicht	❏ 5 geht gar nicht
Bemerkung				

27.10 Spermizide als Verhütungs-Creme vor dem Koitus

❏ 1 ist mir sehr wichtig	❏ 2 mag ich	❏ 3 ist mir egal	❏ 4 mag ich nicht	❏ 5 geht gar nicht
Bemerkung				

27.11 Verhütung durch Basaltemperaturmessung (Bestimmung der fruchtbaren Tage)

❏ 1 ist mir sehr wichtig	❏ 2 mag ich	❏ 3 ist mir egal	❏ 4 mag ich nicht	❏ 5 geht gar nicht
Bemerkung				

27.12 Koitus interruptus (Abbrechen des Koitus vor dem Samenerguss)

☐ 1 ist mir sehr wichtig	☐ 2 mag ich	☐ 3 ist mir egal	☐ 4 mag ich nicht	☐ 5 geht gar nicht
Bemerkung				

27.13 Sex ohne Koitus an fruchtbaren Tagen

☐ 1 ist mir sehr wichtig	☐ 2 mag ich	☐ 3 ist mir egal	☐ 4 mag ich nicht	☐ 5 geht gar nicht
Bemerkung				

27.14 Sex in der Schwangerschaft

☐ 1 ist mir sehr wichtig	☐ 2 mag ich	☐ 3 ist mir egal	☐ 4 mag ich nicht	☐ 5 geht gar nicht
Bemerkung				

27.15 Sex in den ersten Monaten nach der Geburt des Kindes

☐ 1 ist mir sehr wichtig	☐ 2 mag ich	☐ 3 ist mir egal	☐ 4 mag ich nicht	☐ 5 geht gar nicht
Bemerkung				

27.16 Zusätzliche Frage. _____

_____

Diese Aussage …

☐ 1 ist mir sehr wichtig	☐ 2 mag ich	☐ 3 ist mir egal	☐ 4 mag ich nicht	☐ 5 geht gar nicht
Bemerkung				

27.17 Zusätzliche Frage. _____

_____

Diese Aussage …

❐ 1 ist mir sehr wichtig	❐ 2 mag ich	❐ 3 ist mir egal	❐ 4 mag ich nicht	❐ 5 geht gar nicht
Bemerkung				🚩

27.18 Zusätzliche Frage. _____

_____

Diese Aussage …

❐ 1 ist mir sehr wichtig	❐ 2 mag ich	❐ 3 ist mir egal	❐ 4 mag ich nicht	❐ 5 geht gar nicht
Bemerkung				🚩

27.19 Zusätzliche Frage. _____

_____

Diese Aussage …

❐ 1 ist mir sehr wichtig	❐ 2 mag ich	❐ 3 ist mir egal	❐ 4 mag ich nicht	❐ 5 geht gar nicht
Bemerkung				🚩

_____

_____

_____

28 Bedeutung der Sexualität in der Partnerschaft

Die reife Sexualität verallgemeinert als genitale Sexualität zu leben, ist kein Garant für sexuelles Glück. Die Passgenauigkeit der sexuellen Wünsche macht die Beziehung zum Glücksbringer. Ob nie Sex oder immer Sex, ist nicht die entscheidende Frage für die Partnerschaft, sondern ob sexuelle Zufriedenheit erreicht wird. Dabei kann auch eine gegenseitig gewünschte Beziehung ohne explizit sexuelle Handlungen eine sexuell stabile Grundstimmung schaffen. Ebenso können auch, wenn von beiden Partnern gewollt, sehr reduzierte sexuelle Wünsche glücklich machen. Ob ein Paar sich am liebsten manuell, oral oder genital zum sexuellen Höhepunkt treibt, oder ob sie beide zufrieden sind, wenn sie sich gegenseitig hin und wieder mal an den Ohrläppchen knabbern, spielt hierbei keine Rolle.

Eine passgenaue Sexualstruktur der Partner ist natürlich noch lange keine Garantie dafür, dass nun alles wie von selbst läuft. Man wird immer an der Beziehung arbeiten müssen, um auf Veränderungen, die sich über die Jahre einstellen, reagieren zu können. Der Traum vom Paradies ist ein Märchentraum. Wer würde sich das schon wünschen: sich nur zurücklegen müssen und alles passiert gleichförmig, perfekt, wie von selbst. Ein solches Paradies wäre die Hölle, und Bequemlichkeit ist das Ende jeder aufregenden, glücklichen Beziehung.

Wir müssen uns also selbst und gegenseitig prüfen, wie wir zusammenpassen könnten. Das Gespräch ist dabei unbedingt notwendig. Das Kunststück ist es aber, eine offene Gesprächsstruktur zu pflegen und trotzdem das Spannungsgefühl von Fremdheit, Sensation und Überraschung in der Sexualität zu erleben.

Gibt es allgemeine Grundregeln für eine befriedigende Sexualtät in der Partnerschaft? Der Paartherapeut Oskar Holzberg schreibt in seiner Kolumne „Sex braucht Sicherheit" („LIEBE", BRIGITTE 1/2015): „Männer finden durch Sex Nähe, Frauen brauchen Nähe, um Sex haben zu können". Der emotionale Faktor in der Beziehung ist für das Gelingen der Sexualität ein nicht zu unterschätzender Punkt, der in jeder Beziehung individuell geklärt werden muss. Holzberg bringt es für Männer auf den Punkt: „Wer ficken will, muss freundlich sein". (Nebenbei gesagt, stand dieser alte Slogan auch schon auf einer Edgar-Karte vor einigen Jahren.)

Die oft geäußerte Position, Männer wollen Sex und geben dafür Liebe, und Frauen wollen Liebe und geben dafür Sex, greift sicher zu kurz. Auch die Männer wollen Liebe, und auch die Frauen wollen Sex. Natürlich gibt es durchschnittliche Unterschiede zwischen Frauen und Männern, aber erstens zählt im konkreten Fall der Paarbeziehung der gesellschaftliche Durchschnitt nicht, und zweitens haben sich die vor Jahren erhobenen statistischen Unterschiede zwischen Männern und Frauen erheblich verändert.

28.1 Sexualität ist das Wichtigste in der Partnerschaft. Diese Aussage ...

❒ 1 ist mir sehr wichtig	❒ 2 mag ich	❒ 3 ist mir egal	❒ 4 mag ich nicht	❒ 5 geht gar nicht
Bemerkung				

28.2 Sexualität ist die schönste Nebensache. Diese Aussage ...

❒ 1 ist mir sehr wichtig	❒ 2 mag ich	❒ 3 ist mir egal	❒ 4 mag ich nicht	❒ 5 geht gar nicht
Bemerkung				

28.3 Wenn der Rest stimmt, geht es auch ohne Sex in der Partnerschaft. Diese Aussage …

☐ 1 ist mir sehr wichtig	☐ 2 mag ich	☐ 3 ist mir egal	☐ 4 mag ich nicht	☐ 5 geht gar nicht
Bemerkung				🏳

28.4 Zärtlichkeit und Nähe sind wichtiger als Sex. Diese Aussage …

☐ 1 ist mir sehr wichtig	☐ 2 mag ich	☐ 3 ist mir egal	☐ 4 mag ich nicht	☐ 5 geht gar nicht
Bemerkung				🏳

28.5 Liebe mit Sex erkaufen

☐ 1 ist mir sehr wichtig	☐ 2 mag ich	☐ 3 ist mir egal	☐ 4 mag ich nicht	☐ 5 geht gar nicht
Bemerkung				🏳

28.6 Sex mit Liebe erkaufen

☐ 1 ist mir sehr wichtig	☐ 2 mag ich	☐ 3 ist mir egal	☐ 4 mag ich nicht	☐ 5 geht gar nicht
Bemerkung				🏳

28.7 Sex, um emotionale Nähe zu finden

☐ 1 ist mir sehr wichtig	☐ 2 mag ich	☐ 3 ist mir egal	☐ 4 mag ich nicht	☐ 5 geht gar nicht
Bemerkung				🏳

28.8 Emotionale Nähe und Sicherheit als Voraussetzung für Sex

☐ 1 ist mir sehr wichtig	☐ 2 mag ich	☐ 3 ist mir egal	☐ 4 mag ich nicht	☐ 5 geht gar nicht
Bemerkung				🏳

28.9 Sexuelle Befriedigung als Grundlage für das Lebensglück. Diese Aussage …

☐ 1 ist mir sehr wichtig	☐ 2 mag ich	☐ 3 ist mir egal	☐ 4 mag ich nicht	☐ 5 geht gar nicht
Bemerkung				🏳

28.10 Sexuelle Befriedigung zum allgemeinen Spannungsabbau

☐ 1 ist mir sehr wichtig	☐ 2 mag ich	☐ 3 ist mir egal	☐ 4 mag ich nicht	☐ 5 geht gar nicht
Bemerkung				

28.11 Sexuelle Flexibiltät: Ich richte mich fast ausschließlich nach den Wünschen meines Partners

☐ 1 ist mir sehr wichtig	☐ 2 mag ich	☐ 3 ist mir egal	☐ 4 mag ich nicht	☐ 5 geht gar nicht
Bemerkung				

28.12 Das sexuelle Verlangen meines Partners stärkt mein Selbstwertgefühl. Diese Aussage …

☐ 1 ist mir sehr wichtig	☐ 2 mag ich	☐ 3 ist mir egal	☐ 4 mag ich nicht	☐ 5 geht gar nicht
Bemerkung				

28.13 Zusätzliche Frage. _____

_____

Diese Aussage …

☐ 1 ist mir sehr wichtig	☐ 2 mag ich	☐ 3 ist mir egal	☐ 4 mag ich nicht	☐ 5 geht gar nicht
Bemerkung				

28.14 Zusätzliche Frage. _____

_____

Diese Aussage …

☐ 1 ist mir sehr wichtig	☐ 2 mag ich	☐ 3 ist mir egal	☐ 4 mag ich nicht	☐ 5 geht gar nicht
Bemerkung				

28.15 Zusätzliche Frage. _____

_____

Diese Aussage …

☐ 1 ist mir sehr wichtig	☐ 2 mag ich	☐ 3 ist mir egal	☐ 4 mag ich nicht	☐ 5 geht gar nicht
Bemerkung				

28.16 Zusätzliche Frage. _____

_____

Diese Aussage …

☐ 1 ist mir sehr wichtig	☐ 2 mag ich	☐ 3 ist mir egal	☐ 4 mag ich nicht	☐ 5 geht gar nicht
Bemerkung				

_____

_____

_____

Zeitfracht Medien GmbH
Ferdinand-Jühlke-Straße 7
99095 Erfurt, Deutschland
produktsicherheit@kolibri360.de